In dieser Reihe sind
bisher erschienen:

Richtig Badminton
Richtig Basketball
Richtig Carven
Richtig Fitness-Skating
Richtig Fußball
Richtig Golf
Richtig Golf länger und genauer
Richtig Golf rund ums Grün
Richtig Inline-Skating
Richtig Jogging
Richtig Karate
Richtig Kanufahren
Richtig Marathon
Richtig Mountainbiken
Richtig Muskeltraining
Richtig Paragliding
Richtig Reiten
Richtig Rennradfahren
Richtig Schwimmen
Richtig Segeln
Richtig Snowboarding
Richtig Sportklettern
Richtig Stretching
Richtig Taekwondo
Richtig Tanzen Lateinamerikanische Tänze
Richtig Tanzen Standardtänze
Richtig Tanzen Modetänze
Richtig Tauchen
Richtig Tennis
Richtig Tennistraining
Richtig Tischtennis
Richtig Torwarttraining
Richtig Walking
Richtig Yoga

BLV SPORTPRAXIS TOP

Georg Ladig
Frank Rüger

Inline-Skating

RICHTIG

Die Deutsche Bibliothek –
CIP-Einheitsaufnahme

Ein Titeldatensatz für diese Publikation
ist bei Der Deutschen Bibliothek erhältlich

Georg Ladig, (rechts), Jahrgang 1966, und **Frank Rüger**, Jahrgang 1968, sind beide Inline-Skate-Instruktoren und Gymnasiallehrer. Sie unterrichten Sport und leiten Sportlehrerausbildungen im Lehrteam Inline-Skating. Neben ihrem schulischen Engagement sind sie in verschiedenen Internet-Projekten tätig, u. a. bei www.richtig-inline-skating.de und www.trainingstreff.de. Georg Ladig ist darüber hinaus Privatdozent an der Technischen Universität München und schreibt Veröffentlichungen zum Thema Trainingslehre; Frank Rüger spielt aktiv Eishockey.

BLV Verlagsgesellschaft mbH
München Wien Zürich
80797 München

BLV Sportpraxis Top
Dritte, überarbeitete Auflage

© BLV Verlagsgesellschaft mbH,
München 2001

Das Werk einschließlich aller seiner Teile ist urheberrechtlich geschützt. Jede Verwertung außerhalb der engen Grenzen des Urheberrechtsgesetzes ist ohne Zustimmung des Verlags unzulässig und strafbar. Das gilt insbesondere für Vervielfältigungen, Übersetzungen, Mikroverfilmungen und die Einspeicherung und Verarbeitung in elektronischen Systemen.

Satz, Layout und DTP:
Gaby Herbrecht, München
Herstellung: Rosemarie Schmid
Lektorat: Karin Steinbach
Druck: Appl, Wemding
Bindung: Conzella, Urban Meister,
München

Gedruckt auf chlorfrei gebleichtem Papier

Printed in Germany · ISBN 3-405-16169-X

Bildnachweis
Bavaria Bildagentur: S. 14/15, 18
Stefan Behnke: S. 120
Heinz Endler/Look: S. 8
Hyper: S. 112 u. re., 115
Oxygen: S. 59, 124 o.
Michael Reusse: S. 4, 80 re., 111
Rollerblade: S. 47 u.
Rossignol: S. 119 re.
Salomon: S. 32/33, 35, 41, 47 Mitte, 105, 106, 117
Alle anderen Fotos stammen von den Autoren.

Grafiken: Daniela Farnhammer

Umschlagfotos: The Stock Market/
Michael Keller (Vorderseite),
The Stock Market/Ed Bock (Rückseite)

Umschlaggestaltung: Joko Sander
Werbeagentur, München

Inhalt

Vorwort   **7**

Geschichte und Geschichten   **9**

Physik und Biomechanik   **11**

Vortriebswirksame Kräfte 11
Vorschub 11
Weg und Geschwindigkeit 13
Die optimale Skate-Bewegung 17
Talfahrt 20

Stabilität 22

Bremskraft 24

**Wirkende Widerstände –
die Energieschlucker 26**
Rollwiderstand 27
Walkwiderstand 27
Schlupf 28
Abrollwiderstand 29
Luftwiderstand und Aerodynamik 29
Windschattenfahren 31
Rotationswiderstand der Lager 35

Ausrüstung   **36**

Der Skate 36
Die Schale 37
Der Rahmen 38
Der Innenschuh 39
Spezielle Damenskates 39
Die Rollen 39
Der Bremsstopper 42
Die Lager 42

Modelleinteilung 46
Kinder 46
Fitneß 47
Soft 47
Stunt 48
Hockey 48
Race 49

Die Schutzausrüstung 49

Spezialausrüstung 50

Welcher Skate paßt zu mir? 51

Wartung und Pflege 54
Rollentausch 54
Rollenwechsel 55
Lagerreinigung 55

Gesundheit und Risiko   **59**

Smart Skating 60
Schutz vor Verletzungen 60
Vorsichtig skaten 60
Die Regeln akzeptieren 60
Andere Verkehrsteilnehmer
respektieren 62

Skaten in der Sporthalle 63
Allgemeine organisatorische
Aufgaben 63
An- und Ablegen der Inline-Skates 63
Überprüfen 63
Gefahren durch Geräte und
Material 64

**Fehlbelastung und Überlastung der
Wirbelsäule 64**
Widrige Wirbel 64

Inline-Skating und Gesundheit 67
Die Fitneß-Regeln 68
Präventivsport Inline-Skating 70
Leistungsbereich 72

Fahrtechnik   **73**

Die »Skate-Tools« 73
Grundfähigkeiten 74

Gewöhnen ans Gerät 76
Aufstehen 77
Gleichgewicht 77
Sicherer Stand 78
Stürzen 78

Inhalt

Die ersten Schritte 79
Anfahren und Gleiten 79

Kurvenfahren 81

Richtige Arm-Bein-Koordination 83

Bremsen 83
Der Pflug-Stop 83
Der Rasen-Stop 84
Der Heel-Stop 84

Kraftsparend und ausdauernd skaten 86

Slalomtechnik – Kurvenfahrt mit Gegenrotation 88

Bremsen für Fortgeschrittene 89
Der Spin-Stop 89
Der T-Stop 92

Übersetzen 92

Rückwärtsfahren 93

Umdrehen 95
Drehung im Sprung 97
Pirouette 97

Bremsen für Profis 97
Der Powerslide 97
Der Hockey-Stop 98

Treppensteigen 99
Bergauf 99
Bergab 99

Meistern kleiner Skate-Hindernisse 100
Randstein 102
Kleine Rillen oder Kanten im Teer 103

Der letzte Schliff 103

Die Disziplinen 104

Speed 106
Sprint 108

Marathon 108
24 Stunden 108
Short Track 108
Downhill 108
Hochgeschwindigkeiten 109
Langlauf 109

Speed-Skating mit Gruppen 110
Verfolgungslauf 110
American 110
Long Distance 110
Staffeln 110

Aggressive-Skating 113
Street 113
Halfpipe 113

Mannschaftsspiele 114
Hockey 114
Fußball 116
Frisbee 117
Basketball 117

Tanz und Formationen 117

Blade-Nights 118

Innovationen 119

Off-Road-Skate 119
Gehhilfen 119
Sommerslalom 120
Alufelgen 120
Kugellager mit zwei Kugelringen 122
Segel für Inline-Skates 122
Klappsystem 122
Beleuchtung 122
Hupe 123
Skate-Computer 123
Dämpfer 124

Anhang 126

Kleines Fachwörterlexikon 126
Adressen 127

Vorwort

Inline-Skating ist gesund, macht Spaß und eröffnet ein ungeahnt großes Feld an sportlichen Möglichkeiten. Es stellt die erfolgreichste Neuerung der Sportbranche in den letzten Jahren dar. Die junge Sportart zählt weltweit mehr als 50 Millionen aktive Skater und ist damit zu einer Bewegungskultur angewachsen.

Die eigentliche Bewegung entstammt vergleichbaren klassischen Disziplinen. So macht Inline-Skating das Eislaufen auch im Frühling, Sommer und Herbst möglich und schenkt dem Rollschuhlaufen Geschwindigkeitsdimensionen.

Der junge Inline-Trend setzt neue Maßstäbe. Er gliedert sich in Fun, Fitneß, Hockey, Aggressive, Speed und andere Disziplinen. Damit nabelt er sich als eigenständiger Sport ab und findet Begeisterung in allen Altersschichten.

Dieses Buch bildet einen umfassenden Berater für alle diejenigen, die wissen wollen, wie Inline-Skating funktioniert, die ihre Fahrtechnik verbessern oder schneller fahren möchten, deren Anliegen Gesundheit, Fitneß und Sicherheit ist oder die sich einfach nur für die Technik interessieren. Es soll sowohl Anfängern den Einstieg in die Fahr- und Bremstechnik erleichtern als auch dem Könner ein umfassendes Nachschlagewerk für immer neue Bewegungsformen sein und dem Routinier Anregungen und Verbesserungsvorschläge für seinen Sport geben.

Das Buch bietet einen weitreichenden Einblick in den Stand der Technik. Die Ausrüstung bildet einen wesentlichen Bestandteil guten Fahrkönnens. Daher wird auch der direkte Bezug zwischen Material und Fahrtechnik hergestellt. Das Buch berücksichtigt die Anforderungen an Kinderskates ebenso wie den sinnvollen Einsatz hochkarätiger Speed-Skates mit fünf Rollen.

Wer hingegen die neuesten Tricks im Bereich Aggressive-Skating sucht, bedient sich besser der einschlägigen Literatur aus dem Zeitschriftenhandel. In dieser Szene sind Änderungen und Neuerungen die Regel, eine vollständige Aufnahme – etwa der 300 verschiedenen Sprünge in der Halfpipe – erscheint aus Platz- und Aktualitätsgründen nicht angebracht. Ungeachtet dessen enthält das Buch Tips zur Fahrpraxis aller Disziplinen sowie klare didaktische Konzepte, denn die Kombination aus Praxiserfahrung und Know-how macht den Leser schnell zum Experten seiner Disziplin.

Für die sich nur langsam etablierenden und relativ uneinheitlichen Normen stellt das Buch plausible Vergleiche her und trägt dem sich weiter entwickelnden Standard Rechnung. Damit ist es eine komplette Sammlung zu dem fortschrittlichen, aber schon reifen Sport.

Das hier zusammengetragene umfassende Fachwissen basiert auf der ständigen Zusammenarbeit mit produzierenden Firmen, der Organisation

Vorwort

und Teilnahme an unzähligen Inline-Skate-Events und nicht zuletzt auf der mehrjährigen Erfahrung als Inline-Skate-Instruktoren. Als Gymnasiallehrer setzen wir uns das Ziel, Inline-Skating in Schulen zu etablieren. Für Einsteiger, Könner und Hochleistungsskater ist das Buch eine wertvolle Informations- und Weiterbildungshilfe.

Georg Ladig
Frank Rüger

Für den Könner sind die Skates ein vollwertiges Fortbewegungsmittel.

Geschichte und Geschichten

Geschichte und Geschichten

Inline-Skating wurde vor wenigen Jahren aus Amerika in unser Land importiert, viele Fachausdrücke sind dem Englischen – respektive dem Amerikanischen – entnommen, und die Werbebranche um den Markt der kleinen Räder schwört auf die Amerikanisierung. Doch die Wiege des Inline-Skatings liegt in Europa. Vor mehr als 200 Jahren war es vermutlich ein holländischer Konstrukteur, der erstmals das Laufen und Fahren kompatibel machte: Er schnallte sich kurzerhand hölzerne Spulen unter seine Schuhe.

Um 1760 hatte der belgische Musikinstrumentenhersteller J. J. Merlin erstmals »durchschlagenden« Öffentlichkeitserfolg. Er erfand zur Belustigung des Königs Rollenschuhe, deren Metallrollen in einer Reihe, also »in line«, angeordnet waren. Bei einem vornehmen Londoner Maskenball glitt er über das Parkett des Königshofs und spielte dazu Geige. Doch seine Fahrt wurde durch einen großen

Beim Anfänger steht die Überwindung von Koordinationsproblemen im Vordergrund.

Geschichte und Geschichten

Spiegel abrupt gebremst, denn er hatte nicht berücksichtigt, wie im Lauf anzuhalten war.

Erst zu Beginn des 19. Jahrhunderts kamen die ersten Inline-Skates auf den Markt. Die Entwicklung brachte die unterschiedlichsten Modelle mit sich: Schuhe mit zwei, drei, vier oder fünf Rollen aus den verschiedensten Materialien und Größen. Sehr bald wurden diese von amerikanischen Modellen verdrängt, deren Aussehen den heute bekannten Rollschuhen glich. Jeweils zwei der vier Rollen waren nebeneinander angeordnet und mit einer Achse verbunden.

Anfang des 20. Jahrhunderts wurden die ersten Vereine gegründet. Es entstanden Disziplinen und Wettbewerbe wie Distanzskaten, Weit- und Hochsprung oder Rollschuhhockey. Erst zu Beginn der neunziger Jahre kam der große Inline-Skate-Boom in den USA ins Rollen und schwappte bald nach Europa hinüber. Seitdem wurde eine Vielzahl von Vereinen und Verbänden gegründet. In mehr als einem Dutzend Disziplinen werden heute nationale und internationale Wettbewerbe auf Inline-Skates ausgetragen. Die rasende Entwicklung dieser Sportart ist nicht mehr aufzuhalten. In Österreich begeistert sie heute etwa 400 000, in der Schweiz 800 000 und in Deutschland 11 Millionen Skate-Freunde aller Altersschichten. Und sie ist weiter auf dem Vormarsch – mit dem Ziel, den Sprung in die olympischen Disziplinen zu schaffen.

Skating und Inline-Skating damals und heute

10. Jh.
Erste Nachweise über Eislaufen.

1760
J. J. Merlin (Belgien) erfand die ersten Rollschuhe.

1789
Van Lede (Schweiz) fertigte einen Schlittschuh für alle Temperaturen.

1815
J. Garcin (Frankreich) erhielt das erste Patent für seine Rollschuhe.

1823
R. J. Tyers (London) erfand die ersten Inline-Skates mit fünf Rollen in einer Reihe.

1849
Legrand (Paris) konstruierte Rollschuhe mit je zwei Reihen parallel angeordneter Rollen.

1863
J. L. Plimpton (New York) baute die ersten amerikanischen Rollschuhe.

1970
F. Mayer (Deutschland) erfand die ersten deutschen Inline-Skates, die zum Patent angemeldet wurden.

1980
Scott und Brennan Olson (Minneapolis) kreierten – an heutigem Standard gemessen – die ersten soliden Inline-Skates.

1990
Einzug des Inline-Skating in die panamerikanischen Spiele.

Vortriebswirksame Kräfte

Physik und Biomechanik

Physikalische Gesetzmäßigkeiten umfassen Naturerscheinungen mit Zustandsänderungen. Das Leistungspotential des Skaters, die resultierende Geschwindigkeit und die verschiedenartigen Widerstände stehen beim Inline-Skaten kontinuierlich in Beziehung. Sie ändern sich gesetzmäßig und erlauben eine einsichtige physikalische Betrachtung. Die Gesamtbewegung des Inline-Skaters wird auf ihre Effektivität hin untersucht. Die investierte Energie soll möglichst verlustfrei in beschleunigende Kräfte und in Geschwindigkeit umgesetzt werden. Der Ursprung der Bewegung liegt unter anderem in der körpereigenen Kraft des Skaters. Hier gelten körperspezifische Gesetzmäßigkeiten, so daß die Recherchen die Biomechanik streifen.

Vortriebswirksame Kräfte

Wer skaten will, muß anschieben. Man mobilisiert Kraft und möchte Beschleunigung. Doch nicht alle Bemühungen führen zur erhofften Geschwindigkeit; so sind z. B. Kniebeugen auf Skates denkbar ineffektiv, wenn man in der Ebene auf Touren kommen will.

Im Grunde genommen gibt es nur wenige wirklich vortriebswirksame Kräfte. Sie erfolgreich zu aktivieren bedarf einer soliden theoretischen Betrachtung und einer Menge Praxiserfahrung. Für die Einführung in die Problematik leihen wir uns ein Modell: Ein Tretroller wird angetrieben, indem der eine Fuß auf dem Gefährt steht und der andere sich vom Boden rückwärts abstößt. Die eingesetzte Muskelkraft und die Vortriebskraft wirken also genau entgegengesetzt. Nicht anders ist es beim Fahrradfahren: Das Getriebe des Rades überträgt die Muskelkraft eines Bikers auf das Hinterrad. Durch die entstehende aktive Drehbewegung des Hinterrades wirkt die ursprüngliche Muskelkraft in entgegengesetzter Fahrtrichtung auf den Untergrund. Das Bike bewegt sich vorwärts. Das gleiche Prinzip gilt für fast alle Fahrzeuge, etwa Auto, Motorrad, Zug usw. Inline-Skater treiben kein Rad aktiv an und insbesondere nicht in entgegengesetzter Fahrtrichtung. Sie führen auch kein Getriebe mit. Dennoch fahren sie! Vortriebswirksam ist in erster Linie die sehr typische Skate-Bewegung, also das Ausscheren der Beine zur Seite oder nach hinten. Wie dieser Bewegungsablauf beschleunigend wirkt und dessen Effizienz erhöht wird, ist im folgenden Thema.

Vorschub

1. Prinzip
Die erste Methode, wie Skater in der Ebene beschleunigen, ist einfach.

Physik und Biomechanik

Die Kraft, die in Auflagenebene rechtwinklig zu den Rollen wirkt, treibt den Skater vorwärts. Aus dem Stand läßt sich wie bei einem Tretroller anschieben.

Nur ein Teil der Kraft wirkt in Fahrtrichtung.

Sie nützen, grob gesprochen, den Widerstand der Rollen auf dem Boden und drücken sich von ihm ab. Dieser Widerstand entsteht, wenn die Rollen nicht in der Fahrtrichtung belastet werden, sondern quer dazu.

> **Merkregel 1:**
> Am vortriebswirksamsten ist die eingesetzte Kraft genau dann, wenn sie senkrecht zur Laufrichtung der Rollen wirkt.

2. Prinzip

Sobald der Skater die Beine etwas aus der Fahrtrichtung dreht und die Füße seitlich nach außen drückt, beginnt das System zu rollen. In die gewünschte Fahrtrichtung fährt er, wenn er seine Füße genau im rechten Winkel zur Fahrtrichtung ausschert. Die Skates weichen der Kraft aus, und es entsteht eine vortriebswirksame Zwangskraft. Sie ist nur ein geringerer Teil der eingesetzten Kräfte des Skaters, wirkt aber in Fahrtrichtung. Die Beschleunigung fällt weniger stark aus als beim 1. Prinzip. Dafür verlängert sich der Beschleunigungsweg. Je nach Winkelstellung der Füße kann 2, 3 oder mehr Meter angeschoben werden.

> **Merkregel 2:**
> Beschleunigungskräfte am fahrenden System sind vortriebswirksam, wenn sie rechtwinklig zur Fahrtrichtung wirken.

Vortriebswirksame Kräfte

Der Vortrieb blockiert spätestens, sobald der Skater im Spagat auf der Rollbahn fährt. Weiter kann er die Füße nicht ausscheren. Deshalb muß er seine Technik erweitern. Er schiebt erst mit einem Bein an und dann mit dem anderen, während er das erste wieder heranführt, um es erneut aufzusetzen.

Weg und Geschwindigkeit

Sobald ein Skater beschleunigende Schritte macht, streckt er die Beine abwechselnd zur Seite. Diese Kraft schiebt seinen Körper in die entgegengesetzte Richtung; er pendelt somit ständig um die Ideallinie. Skater fahren also Schlangenlinien – auch ohne Alkohol im Blut.
Zwei Nachteile ergeben sich aus den Schlangenlinien:

● Inline-Skater sind mindestens 2 m breit.
● Sie müssen grundsätzlich weitere Wege fahren.

Der erste Punkt wirkt sich auf die Wahl der Fahrbahn aus. Wer hier besonnen seine Entscheidungen trifft, kann ausholend skaten. Doch Vorsicht: Andere Verkehrsteilnehmer rechnen nicht mit dieser Breite der Skater.
Der zweite Punkt bedarf einer genaueren Betrachtung. Einen längeren Weg in gleicher Zeit zurückzulegen bedeutet, eine höhere Geschwindigkeit zu fahren. Da der längere Weg jedoch nichts anderes ist als ein Umweg, liegt die erreichte Effektivgeschwindigkeit niedriger als die Realgeschwindigkeit des Skaters. Mit etwas Finesse läßt sich die Geschwindigkeitseinbuße reduzieren.
Je mehr Schritte auf gleicher Distanz gemacht werden, desto öfter wechselt die Richtung und desto engere Schlangenlinien werden gefahren. Der zurückgelegte Weg nimmt mit der Anzahl der Schritte zu. Der Umkehrschluß führt zum schnelleren Fahrverhalten: Lange, gleitende Schritte reduzieren den Weg und erhöhen die Effektivgeschwindigkeit. Darüber hinaus erfordert jede Beschleunigung Kraft. Jede Richtungsänderung ist eine Beschleunigung, also raubt jede Richtungsänderung kostbare Energie. Ohne weiteren Energieverbrauch läßt sich deshalb mit langen, ausholenden Bewegungen ökonomischer über den Asphalt gleiten.

> Merkregel 3:
> Lange Schritte erhöhen die Effektivität.

Wir bemühen nochmals einen Modellvergleich: Fahrräder mit Gangschaltungen sind mit verschiedenen Übersetzungen ausgestattet. Beim Schalten in einen höheren Gang und gleichbleibender Geschwindigkeit ergibt sich folgender Effekt: Je länger die gewählte Übersetzung ist, desto langsamer bewegen sich die Beine. Hingegen muß mehr Kraft investiert werden. Zwar haben Inline-Skater kein Getriebe, sie haben aber dennoch die Möglichkeit, verschiedene

Physik und Biomechanik

Ein effizienter Skate-Stil zeichnet sich durch lange, gleitende Schritte aus.

Vortriebswirksame Kräfte

15

Physik und Biomechanik

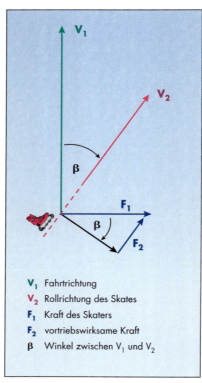

Kraftverhältnisse beim Skaten

V_1 Fahrtrichtung
V_2 Rollrichtung des Skates
F_1 Kraft des Skaters
F_2 vortriebswirksame Kraft
$β$ Winkel zwischen V_1 und V_2

Zwei Komponenten beeinflussen somit die Größe der vortriebswirksamen Kraft:
- die vom Skater tatsächlich eingesetzte Kraft F1
- die Richtungsabweichung ß der Rollen von der Fahrtrichtung

Es gilt folgender gesetzmäßiger Zusammenhang:

$$F_2 = \sin β \cdot F_1$$

Die Länge des Beschleunigungsweges verhält sich umgekehrt: Je kleiner ß ist, desto länger bewegen wir uns bei einem Schub in Fahrtrichtung. Zeigt der Fuß hingegen stark zur Seite, ist der Beschleunigungsweg kürzer. Unter der Annahme, daß sich der Fuß einen Meter vom Körper ausscheren läßt, gilt:

$$V_2 = 1\,m : \sin β$$

Diese Beziehung besagt unter anderem, daß schon sehr kleine Veränderungen des Winkels ß große Unterschiede hervorrufen können. Die Entfaltung bei ß = 5° wäre 11,47 m, bei 10° beträgt sie nur noch 5,76 m. Wie bereits erwähnt, geht eine Ökonomisierung der Gesamtbewegung mit der Verlängerung der Einzelschritte einher. Es werden weniger Schlangenlinien gefahren. Also muß der Winkel zwischen der Fahrtrichtung und der Rollrichtung des Skaters reduziert werden. Damit verbunden ist eine Zunahme des Krafteinsatzes. Für

»Übersetzungen« zu wählen, also Bewegungsfrequenz durch höheren Krafteinsatz zu kompensieren und umgekehrt. Folgende Gesetzmäßigkeit liegt hierbei zugrunde:

> Merkregel 4:
> Ein großer Winkel ß überträgt einen großen Kraftanteil in Bewegungsrichtung.
> Ein kleiner Winkel ß überträgt einen kleinen Kraftanteil in Bewegungsrichtung.

Vortriebswirksame Kräfte

zielgerichtetes Training bedeutet dies, daß Krafttraining ein fester Bestandteil solider Vorbereitung sein sollte, denn Inline-Skating ist ein Kraftausdauersport.

Die optimale Skate-Bewegung

Das Manko des Skaters stellt seine Schlangenlinienfahrt dar. Sie zu kompensieren und näher an der Ideallinie zu fahren muß das Ziel sein, um möglichst hohe Geschwindigkeiten zu erreichen.
Betrachten wir den Skater als geschlossenes System. Ohne weiteren Antrieb bewegt sich sein Körperschwerpunkt geradlinig. Dieser beschreibt so den kürzesten Weg.
Das Ausscheren des Schubbeins senkrecht zur Fahrtrichtung schiebt den Skater in die entgegengesetzte Richtung. Er wird zur Seite beschleunigt. Für eine linientreue Bewegung fehlt ihm eine entsprechende Gegenkraft, die den seitlichen Impuls reduziert. Diese Gegenkraft kann der Skater selbst erzeugen. Die Teilimpulse der Arme und des in der Luft befindlichen Gleitbeins sorgen für die Kompensation der Querkraft.
Im Klartext bedeutet das nichts anderes, als daß die freien Gliedmaßen deutlich in die entgegengesetzte Richtung des Schubbeins schwingen und so für Gegendruck sorgen. Die Wogen werden geglättet.
Ganz ausbügeln können die Teilimpulse der Arme und des Beins die Wellen jedoch nicht. Die gestreckten Arme bieten bei hohem Tempo erheb-

liche Windangriffsflächen, die sich nachteilig auf die Geschwindigkeit auswirken. Daher nehmen Skater oftmals die größere Schlangenlinienfahrt in Kauf und verstecken die Arme hinter dem Rücken. Bei gemäßigtem Fahrtempo, etwa einer Bergfahrt, gewinnt das Pendeln der Arme wieder an Relevanz. Mit dieser Koordinationsleistung können deutliche Vorteile erzielt werden.

> Merkregel 5:
> Die zweckmäßigen Bewegungen der Arme und des Gleitbeins erhöhen den Abdruckwiderstand und verringern die Realdistanz.

Ein gefühlvolle Harmonisierung der Gesamtbewegung erfordert genaues Timing. Die Schubkraft wirkt während der Antriebsphase unterschiedlich stark auf den Körper. Zu Beginn ist sie schwächer, am Ende stärker; deshalb muß an der richtigen Arm-Bein-Koordination immer wieder gefeilt werden. Weltklasse-Skater behaupten: 80% des Wettkampfs entscheidet die richtige Koordination.
Die unterschiedliche Kraftverteilung während eines Schubs begründet die zweite Optimierung der Skate-Bewegung. Biomechanisch ist das Bein in gebeugtem Zustand nicht fähig, hohe Kräfte zu erzeugen, kann jedoch einen weite Hubarbeit verrichten. Wird es weiter gestreckt, wächst sein Kraftpotential. Ein Kniewinkel von 160° leistet das Kraftmaximum. Leider schmilzt in gleichem Maße die Reich-

Physik und Biomechanik

Nicht optimale Arm-Bein-Koordination zieht eine Rotation des Oberkörpers nach sich.

Vortriebswirksame Kräfte

weite des Beins, so daß dann nur wenig Hubarbeit verrichtet werden kann. Wie bereits beschrieben, steht die vortriebswirksame Kraft in unmittelbarem Zusammenhang mit dem Winkel ß, der zwischen der Rollrichtung der Skates und der Fahrtrichtung eingeschlossen wird. Ziel einer optimalen Beschleunigungstechnik muß es sein, die vortriebswirksame Kraft gleichmäßig groß zu gestalten. Damit muß folgendes gefordert werden:

> **Merkregel 6:**
> Der Winkel ß zwischen Fahrtrichtung des Skaters und Rollrichtung des Inline-Skates muß während der Beschleunigungsphase und der zunehmenden Beinstreckung abnehmen.

Die nächste Optimierung der Skate-Bewegung spielt die wichtigste Rolle bezüglich Geschwindigkeit und Eleganz der Bewegung. Sie benötigt wenig theoretischen Background, aber viel Praxiserfahrung. Es geht wieder um die Schlangenlinien bei der Fahrt. In letzter Konsequenz stellt die Wellenlinie des sich bewegenden Körperschwerpunkts die sich ständig ändernde Fahrtrichtung V_1 dar. Die Fahrtrichtung ist eben nicht geradeaus, sondern »sinusförmig«.
Es gelten immer noch die gleichen Gesetzmäßigkeiten, die in den Merkregeln zusammengefaßt sind, doch wird die Orientierung während der Fahrt schwieriger. Sie darf sich in

dem geschlossenen System »Skater« nur noch nach dessen Schwerpunktsbahn richten. Dieser liegt etwa im Bereich des Bauchnabels. Die Ausrichtung der Füße, die Bewegung der Arme und des Gleitbeins und die Abdruckrichtung des Schubbeins vom Teer unterliegen fortwährend dieser Veränderung. Entscheidend ist immer nur die momentane Bewegungsrichtung. Da sich der Körperschwerpunkt eben annähernd auf einer Sinuskurve bewegt, muß auch der beschleunigende Skate einen Bogen fahren. Dieser Bogen fällt stärker aus als der Bogen des Körperschwerpunkts.

> **Merkregel 7:**
> Der beschleunigende Skate beschreibt auf dem Boden eine deutliche Kurve.

Den letzten Feinschliff der Gesamtbewegung gibt das Gleitbein. Es muß zum richtigen Zeitpunkt auf dem Boden aufsetzen. Das Schubbein fährt mit andauernder Kraftübertragung unter dem Schwerpunkt weg und unterstützt diesen nicht mehr komplett. Es entsteht ein Kippmoment.
Das Kippmoment hat zwei deutliche Nachteile:
- Der Körperschwerpunkt senkt sich und muß für den nächsten Schub wieder angehoben werden. Neben dem wiederum weiteren Weg, der zurückgelegt wird, muß ständig Hubarbeit geleistet werden. Unnötige Kniebeugen möchte man allerdings vermeiden.

Physik und Biomechanik

Das Kippmoment bei Beschleunigung mit ausgeschertem Bein

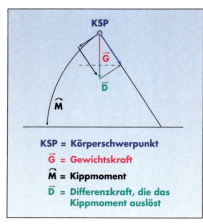

KSP = Körperschwerpunkt
$\vec{G}$ = Gewichtskraft
$\widehat{M}$ = Kippmoment
$\vec{D}$ = Differenzkraft, die das Kippmoment auslöst

- Der Körperschwerpunkt entfernt sich vom Schubbein. Die Folge davon ist eine entsprechend kürzere Reichweite.

Deshalb muß der Körperschwerpunkt leicht unterstützt werden, in dem Maße, wie das Kippmoment zunimmt. Die oben dargestellte statische Grafik muß in einem Punkt korrigiert werden. Da sich das System »Skater« im Grunde genommen in Kurvenfahrt bewegt, wirken zusätzlich Fliehkräfte nach außen. Das bedeutet, daß das Kippmoment insgesamt etwas geringer ist. Für die perfekte Skate-Technik folgt daraus: Das Gleitbein kann etwas näher am Schubbein und in leichter Schrägfahrt auf den Boden aufsetzen. Der Skate setzt dabei mit der Außenkante auf. Dies begründet die typische S-Kurve ausgefeilter Skate-Technik.

Talfahrt

Neben der dynamischen Eigenbewegung beschleunigt der Inline-Skater durch die Talfahrt. Das Bergabfahren birgt Gefahren. Höchste Vorsicht ist angebracht, denn Unfallstatistiken zeigen leider: Das Gefälle wird unterschätzt.
Die Hangabtriebskraft beschleunigt den Skater. Sie ist ein Teil der Ge-

Die Bewegung des Körperschwerpunkts und der Skates

> Merkregel 8:
> Der optimal beschleunigende Skate beschreibt eine S-Kurve.

Vortriebswirksame Kräfte

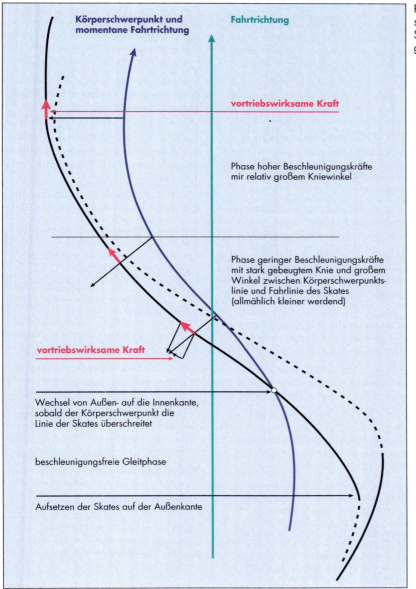

Phasendarstellung einer Skate-Bewegung

Physik und Biomechanik

wichtskraft und bringt die Rollen parallel zur Unterlage in Schwung. Aus stärkerer Neigung der Rollbahn resultiert eine höhere Hangabtriebskraft und damit eine stärkere Beschleunigung. Ein Abhang von 15 % besagt: Ein Skater, der 100 m horizontal zurücklegt, befindet sich danach 15 m tiefer. Hierfür läßt sich die theoretische Geschwindigkeit – unter Vernachlässigung der Widerstände – berechnen: Mit 62 km/h rast der Skater talwärts – schon nach 100 m!

Wer meint, sich solchen Gefahren ohnehin nicht auszusetzen, weil er gerade den Entschluß gefaßt hat, niemals mit mehr als 10 % Gefälle ins Tal zu rauschen, bekommt gern die gleiche Rechnung: Satte 50,4 km/h erreicht der ideale Skater nach 100 m Fahrt.

Unter Einbeziehung der Luft- und Reibungswiderstände müssen von diesen Ergebnissen Abstriche gemacht werden. Doch diese sind gering.

Die Geschwindigkeit allein birgt noch nicht das entscheidende Risiko. Krisenreich wird das Tempo erst, wenn der seitliche Platz für Bremsmanöver nicht mehr ausreicht. Der benötigte Radius zum Abschwingen steigt jedoch überproportional zur Geschwindigkeit. Der »Point of no return« ist sehr schnell erreicht, oft schon nach wenigen Metern. Salopp ausgedrückt heißt das: Mit zunehmendem Tempo wird der Weg für Brems- und Ausweichmanöver zu schmal. Der Skater sieht also das Hindernis machtlos auf sich zukommen und beschleunigt noch, bevor er darauf aufschlägt.

Bei höheren Geschwindigkeiten fällt der Luftwiderstand erheblich ins Gewicht. Er wirkt derart bremsend, daß die Hangabtriebskraft nach einer gewissen Beschleunigung keine weitere Temposteigerung mehr zuläßt. Die Grenzgeschwindigkeit einer 15prozentigen Talfahrt liegt etwa bei 110 km/h. Für den relativ hoch liegenden Schwerpunkt, verbunden mit dem labilen Gleichgewicht des Skaters, ist eine solche Fahrt ein rasantes Glücksspiel.

> Merkregel 9:
> Nie die Beschleunigung bei Talfahrten unterschätzen!

Stabilität

Ein Inline-Skater steht, grob gesprochen, auf zwei Schienen. Diese umfassen ca. 25 cm Länge, stehen bei gerader Fahrlinie hüftbreit und ordnen sich im Idealfall parallel an. Damit steht der Inline-Skater auf einer rechteckigen »Fläche«. Sofern sich der Körperschwerpunkt bei senkrechter Projektion innerhalb dieser Standfläche befindet, ist das System stabil. Zu kippen beginnt es, wenn bei beschleunigungsfreier Bewegung die Aufstandsfläche nicht mehr direkt unter dem Massenschwerpunkt liegt. Dieses Sturzrisiko beherrscht jeder landläufige Skater leicht, indem er einfach die Füße unter dem Körperschwerpunkt läßt.

Stabilität

Anders ist es hingegen, wenn Kräfte das System zum Wanken bringen und Beschleunigungen auftreten. Denkbare Kräfte entstehen durch Fahrtwind und Fahrbahnunebenheiten. Rollt ein Skater z. B. gegen einen Randstein, werden die Skates abrupt abgebremst. Der Körperschwerpunkt behält die Tendenz der gleichförmigen Bewegung und beginnt zu kippen, sobald die Auflagefläche sich außerhalb seiner senkrechten Projektion befindet. Die theoretische Kraft, die den Skater kippen läßt, ist relativ gering; sie berechnet sich aus der Länge der Auflagefläche und der Höhe des Körperschwerpunkts.

Ein 80 kg schwerer Skater, dessen Massenschwerpunkt in Bauchnabelhöhe sich 1,25 m über dem Boden befindet, verliert bei einem Stoß gegen die Skates von 80 N (ca. 8 kg) das stabile Gleichgewicht und stürzt.

Selbst kleine Hindernisse ziehen dem Skater schnell die Füße weg.

Möglichkeiten, dem Kippmoment entgegenzuwirken:
- Möglichst widerstandsfreie Fahrbahnunterlage wählen.
- Den Körperschwerpunkt senken.
- Die Höhe der Schiene reduzieren.
- Den Durchmesser der Rollen reduzieren (sofern andere Einwände unbedenklich sind, etwa im Agressive-Bereich).
- Schrittstellung einnehmen – ein Fuß schert nach vorn aus.

Die Schrittstellung stellt gerade in der Fahrtechnik ein sehr zentrales Thema dar. Viele Manöver können nur mit ihr ausgeführt werden. Die Schrittstellung verlängert die Kippkante in Fahrtrichtung, der Körperschwerpunkt sinkt um einige Zentimeter. Zudem gibt sie die Möglichkeit, den Körperschwerpunkt bewußt noch tiefer zu senken.

Die »Standfläche« hingegen wird zu einem Parallelogramm verschoben. Sie wird kleiner und insbesondere in Fahrtrichtung schmäler. Damit schwindet das seitliche Gleichgewicht. Oft ist dieser Nachteil jedoch unerheb-

Physik und Biomechanik

lich, weil zunehmende Geschwindigkeit seitliche Kurskorrekturen schneller ermöglicht. Außerdem läßt sich die Schrittstellung ebenso schnell wieder auflösen, wie sie eingenommen wurde. Sie ist damit, gemeinsam mit der Höhe des Schwerpunkts, maßgebender und zentraler Einflußfaktor auf die Systemstabilität.

Bremskraft

Dicke, breite Reifen vermitteln den Eindruck von Dynamik, Speed und Sportlichkeit – am Motorrad, am Auto, erst recht am hochgezüchteten Formel-1-Boliden. Ausgerüstet mit Trommel- oder Scheibenbremsen, Bremskraftverstärker und ABS, verzögern alle Räder schnell und punktgenau. Anders beim Inline-Skating: Die schmalen Pneus sind technisch opportun und optisch attraktiv. Der filigran wirkende Bremsstopper wiegt nicht mehr als 100 g, ziert nur einem Fuß und stellt das primitivste Modell einer Reibungsbremse dar. Er verlangsamt demnach zwangsläufig nicht so gut wie die motorisierten Fahrzeuge auf dicken Gummiwalzen. Hauptgrund dafür ist die hohe und instabile Lage des Schwerpunkts und die unvollständige Auslastung des Bremsstoppers. Dennoch ermöglicht die Fersenbremse gute Bremsleistungen.
Dafür erfordert sie ausgereifte Fahrtechnik. Die wiederum läßt sich durch Training sowie die bewußte und konsequente Umsetzung eigener Erfahrung verbessern.

Um gute Verzögerungswerte zu erlangen, muß der Bremsstopper optimal justiert sein. Diskussionsthema ist die richtige Einstellung der Höhe.

> Merkregel 10:
> Zu tief montierte Stopper greifen zu schnell, zu hoch montierte Stopper zu spät oder gar nicht; abgefahrene Stopper verlieren an Höhe und müssen nachgestellt bzw. ausgewechselt werden.

Den Bremsstopper gibt es bei einem Paar Inline-Skates nur in einfacher Ausführung. Man kann eben nur rechts oder links bremsen. Streckt man nun den Fuß zum Bremsen vorwärts – normalerweise nach rechts vorn –, wirkt die Auflaufbremse. Hierbei entsteht ein Drehimpuls um den Bremsstopper. Der ungeübte Skater fährt praktisch an dem Stopper vorbei. In der Regel verläßt er dabei die gerade Fahrlinie und folgt der Richtung des Stoppers. Typischer Fehler dabei: Der Stopper unterstützt nicht den Massenschwerpunkt. Hierin liegt der Hauptgrund, weshalb viele Anfänger den Stopper nicht effizient genug einsetzen. Mangelndes Fahrkönnen und Wissen, gepaart mit reduziertem Gleichgewicht beim Bremsen, führt lediglich zu mäßigen Bremsleistungen.
Beim Treten der Bremse greift die Kraft, also der Stopper, idealerweise genau vor dem Massenschwerpunkt des Skaters an. Er läuft – bildlich gesprochen – auf die Bremse auf. Seine

Bremskraft

Richtungsstabilität sollte dabei erhalten bleiben, sonst muß der hintere Fuß das System auf Kurs halten. Bei stärker werdender Bremskraft wirkt jedoch ein hohes Kippmoment auf den Körperschwerpunkt, so daß der hintere Fuß weitgehend entlastet wird. Er kann nun weniger, im Extremfall gar keine Richtungsstabilität geben.

Selbst Profis werden unsicher, wenn noch ein weiterer Störfaktor das Gleichgewicht beeinflußt: eine Kurvenfahrt. Wer die Bremse während einer Drehung richtig zieht, kann die Richtung nur noch mit der letzten Rolle des Bremsschuhs und dem Stopper bestimmen. Der sehr kurze Hebel läßt nur ungenaue Kurskorrekturen zu, während das ganze System zudem konstant abschmiert. Doch nichts ist unmöglich: Daher ist in erster Linie Bremstraining angesagt.

> Verbesserung der Bremstechnik:
> - Stopper richtig einstellen.
> - Schwerpunkt senken.
> - Rechten (respektive linken) Fuß weit ausscheren lassen.
> - Im Notfall: Vollbremsungen nicht mit einer Kurvenfahrt kombinieren. Besser: Zunächst die Kurvenlage auflösen, dann bremsen und in reduzierter Geschwindigkeit die Kurve zu Ende fahren. Wer den Hockey-Stop beherrscht, ist in diesem Fall auch mit ihm gut beraten.

Effizientes Bremsen durch niedrigen Körperschwerpunkt und weites Ausscheren des Bremsbeins

Die maximal erreichbare Bremsleistung mit der Fersenbremse liegt bei etwa 0,5 g. Das entspricht 50 % der Erdbeschleunigung. Ein Auto schafft etwa 80 %. Ausschlaggebend für die Differenz sind der hohe Schwerpunkt des Inline-Skaters und die unvollständige Auslastung des Bremsstoppers, weil ein gewisser Massenanteil immer von den verzögerungsfreien Rollen getragen wird. Der Stopper könnte höhere Bremsleistungen erreichen. Aus diesem Grund ist es ratsam, bei Vollbremsung den Körperschwerpunkt nach hinten und unten, also bewußt auf den Bremsstopper, zu verlagern.

Die Länge des Anhaltewegs setzt sich aus drei Phasen zusammen:
1. der Reaktionszeit mit Ausscheren des Beins nach vorn,

Physik und Biomechanik

2. der Zeit bis zur vollen Wirkung des Stoppers und
3. der Zeit bis zum Stillstand.

Ausgehend von einer Grundgeschwindigkeit von 25 km/h erfordert eine Vollbremsung auf gutem Asphalt ungefähr 16 m, wobei der Rechnung eine Reaktionszeit bis zum wirksamen Aufsetzen des Stoppers von 1,5 Sek. zugrunde liegt. Während der Reaktionsphase rollt der Skater 10,4 m, bis zur vollen Wirkung der Bremse weitere 0,5 m und bis zum völligen Stillstand noch einmal 4,9 m. Die Reaktionszeit, inklusive Ausscheren des Beins, benötigt beim Inline-Skater wesentlich mehr Zeit als bei allen anderen Fahrzeugen. Grund dafür: Das Gleichgewicht wird beim Anstellen des Fußes auf die Ferse instabiler. Erst bei gleichmäßiger Verzögerung erlangt der Inline-Skater den stabilen Zustand zurück.

Geschwindigkeit	Bremsweg
15 km/h	9,5 m
20 km/h	12,5 m
25 km/h	16 m
30 km/h	20 m
35 km/h	25 m
40 km/h	31 m

Zusammensetzung des Widerstands bei einer Geschwindigkeit von 20 km/h

Bei höheren Geschwindigkeiten wird der Bremsweg also überproportional länger.
Die Werte des Bremswegs beziehen sich auf eine gute Bremstechnik – wer längere Wege benötigt, sollte seine Bremstechnik verbessern. Für sicheres Fahren und effizientes Bremsen sollte man anstreben, die Zeit, die bei allen drei Phasen vergeht, möglichst zu verringern.

> Merkregel 11:
> Bremstraining ist unverzichtbar!

Wirkende Widerstände – Die Energieschlucker

Ein Paar guttrainierter Skaterbeine leistet auf Dauer ca. 0,2 PS, im Spurt und beim Antritt sogar 1,2 PS – eine Kraft, die man natürlich gern ohne Verlust in Vortrieb umsetzen möchte. Die Auseinandersetzung mit den wirkenden Widerständen beim Skaten

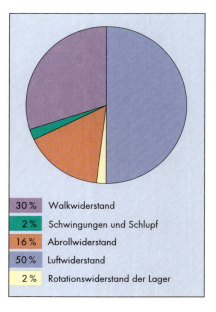

30 %	Walkwiderstand
2 %	Schwingungen und Schlupf
16 %	Abrollwiderstand
50 %	Luftwiderstand
2 %	Rotationswiderstand der Lager

Wirkende Widerstände

ist damit Basisarbeit für höhere Geschwindigkeiten. Kraftschlucker gibt es hierbei einige, und es verbindet sie eine Gemeinsamkeit: Sie erzeugen Widerstandskräfte. Die Grafik auf S. 26 rechts unten unterteilt den allgemeinen Inline-Skate-Widerstand in die Reibungskräfte und den Rollwiderstand der Räder.

Rollwiderstand

Die Reibung der Rollen stellt einen großen Verlustfaktor dar. Bei 20 km/h stecken wir knapp die Hälfte unserer Energie in die Walzen. Dieser Rollwiderstand keimt in der Verformbarkeit der Kunststoffmaterialien. Er gliedert sich weiter in den Walkwiderstand, den Schlupf und den Abrollwiderstand.

Walkwiderstand

Das Gewicht des Inline-Skaters und die durch den Abstoß erzeugte Kraft wirken auf die Rollen. Dabei verformt sich jede Rolle an der Auflagefläche elastisch, sie wird gewissermaßen platt gedrückt. Beim Abrollen auf der Fahrbahn bildet die Rolle an der Vorderseite der Standfläche einen Bauch. Diesen Bauch schiebt die Fläche wie eine Welle ständig vor sich her. Dabei entstehen unterschiedliche Druckverhältnisse im Kunststoffmaterial: An der Vorderseite der Standfläche herrscht höherer Druck als an deren Rückseite. Die wechselnden Druckverhältnisse kneten sozusagen das Material und erwärmen die

Rolle. Wärmeenergie ist die Folge des Walkwiderstands, die bei der Vorwärtsbewegung negativ zu Buche schlägt. 30 % der Körperkraft schluckt der Walkwiderstand bei 20 km/h. Damit spielt er die Hauptrolle beim Thema Rollwiderstand.

> Materialeigenschaften zur Reduktion des Walkwiderstands:
> - Je elastischer die Rolle ist, desto schneller kann sich der Wulst wieder auflösen und die Energie, wie eine Feder, wieder an die Rolle zurückgeben.
> - Je härter die Rolle ist (gemessen in A), desto geringer ist der Wulst vor der Aufstandsfläche.
> - Materialien, die sich auf gleicher Unterlage schneller erwärmen, sind für hohe Geschwindigkeiten ungeeignet.

Wichtig: Der Härtegrad der Rolle wird in A gemessen. Dies gibt jedoch keine Auskunft über die Elastizität der Rolle! Sie wäre jedoch eine wünschenswerte Angabe für schnelleres Skaten. In anderem Zusammenhang wird selten auch von »Rebound« gesprochen, ein Maß für die Sprungkraft einer Rolle, wenn sie frei zu Boden geworfen wird und wieder zurückspringt. Je höher sie zurückfedert, desto elastischer ist sie. Übrigens verformt sich auch der Untergrund, auf dem sich die Rolle bewegt. Es entsteht ebenfalls Walkwi-

Physik und Biomechanik

Der Walkwiderstand entsteht aus der Kombination der Rotation der Rolle mit dem Anpreßdruck auf die Unterlage.

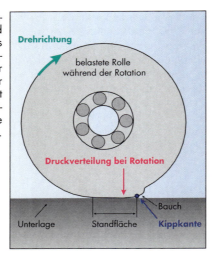

Einflußgrößen des Abrollwiderstandes:
- Mit zunehmendem Durchmesser der Rolle reduziert sich das Verhältnis aus Hebelarm und Radius. Größere Rollen haben somit einen kleineren Abrollwiderstand.
- Höheres Gesamtgewicht vergrößert die Aufstandsfläche und somit den Hebelarm. Der Abrollwiderstand steigt. Doch steigt der Abrollwiderstand nicht proportional zum Gesamtgewicht. Es sinkt sogar das Verhältnis aus Gewichtskraft des Gesamtsystems und der bremsenden Kraft. Daher ist zu erwarten, daß der Abrollwiderstand einen schweren Inline-Skater langsamer bremst als einen leichten Inline-Skater.
- Harte, hoch elastische Rollen verringern die Aufstandsfläche. Der Abrollwiderstand sinkt.
- Der Untergrund nimmt starken Einfluß auf den Abrollwiderstand. Festgefahrener Sand ist hierbei um den Faktor 4 schlechter als harter Beton. In losem Sand zu fahren ist mit Inline-Skates nahezu unmöglich.
- Die Geschwindigkeit hat auf den Rollwiderstand nur sehr geringen Einfluß.

derstand, der auf Teer oder Beton zu vernachlässigen ist. Auf anderen Unterlagen kann diese Energiebremse hingegen große Bedeutung erlangen. Auf einer Wiese sind beispielsweise die Widerstandskräfte derart groß, daß dort zu skaten nahezu unmöglich ist.

Schlupf

Ein Teil der Reibung ist ein eminent wichtiger Vorteil: die Haftreibung. Ohne sie könnten wir nicht skaten. Sie ermöglicht das seitliche Abstoßen der Räder vom Untergrund. Eine weitere Verlustgröße entsteht genau dann, wenn wir gegen die Haftreibung anschieben – der »Schlupf«. Dies ist das Rutschen oder Schleifen der Rolle auf dem Untergrund. Gerade die Querbelastung der Räder bei der beschleunigenden Bewegung führt zu erhöhtem Schlupf, vergleichbar einem Auto, das bei Kurvenfahrt mit überhöhter Geschwindigkeit die Reifen zum Quietschen bringt. Die

Wirkende Widerstände

Gesamtkraft kann nicht auf den Untergrund übertragen werden, zumal bei weiterem seitlichem Ausscheren der Beine der senkrechte Anpreßdruck auf die Fahrbahn und somit die Haftreibung nachläßt. Reibungsverlust ist Folge des Schlupfes, der zum einen wiederum Wärmeenergie verursacht, zum anderen oft deutlichen Verschleiß hinterläßt.

Doch hat der Schlupf auch seine Vorteile: Sobald sich alle Rollen unter Belastung auf den Untergrund pressen, ist dem Schuh eine Richtung vorgegeben. Seitliche Kurskorrekturen können jetzt nur noch durch starkes Drehen des Fußes erreicht werden. Dies fordert die Überwindung der Haftreibung zum Schlupf. Wendigkeit auf Inline-Skates erfordert beide Komponenten: gute Haftreibung, um in der Kurve nicht den Bodenkontakt zu verlieren, aber auch die Möglichkeit für Drehbewegungen der Füße.

Hierbei ist es sinnvoll, einen anderen Weg zu beschreiten: Die Rollen werden in unterschiedlichen Höhen angebracht, die mittleren Rollen tiefer als die äußeren – Rockering nennt sich diese Einstellung. Damit liegen nicht alle Rollen gleichmäßig am Boden auf. Der Hebel zur Erreichung des Schlupfes wird günstiger, ohne an Aufstandsfläche zu verlieren.

Abrollwiderstand

Durch den Walkwiderstand entsteht eine Welle vor der Aufstandsfläche. Dieser Bauch hat einen weiteren Widerstand zur Folge: den Abrollwiderstand. Die Druckverhältnisse sind im vorderen Teil der Aufstandsfläche größer als im hinteren Teil. Damit muß die Rolle ständig diesen Druck überwinden. Sie kippt, einfach gesprochen, über eine Kante (siehe Grafik links), wodurch ein bremsendes Drehmoment entsteht. Die zu überwindende Kraft ist zur Geschwindigkeit direkt proportional.

Fazit: Harte, hoch elastische Rollen auf hartem Untergrund mit guter Haftreibung (= geringer Schlupf) sind die beste Kombination, um schnelle Fahrt zu machen. Bei 20 km/h ist die Summe aus Rollwiderstand und Widerstand der Lager genauso groß wie der Luftwiderstand. Bei höheren Geschwindigkeiten ändert sich diese Situation: Der Luftwiderstand gewinnt zunehmend an Bedeutung.

Luftwiderstand und Aerodynamik

Der Luftwiderstand ist der unangenehmste Widerstand, mit dem der Inline-Skater konfrontiert ist. Bei sehr hohen Geschwindigkeiten verschlingt er bis zu 80 % der geleisteten Energie. Der Skater drückt während der Fahrt Luftmassen vor seinem Körper zusammen. Höherer Druck ist das Resultat, dem er sich entgegenstemmen muß. Etwa ein Drittel – nur ein Drittel! – des gesamten Luftwiderstands macht die Druckwelle vor der Brust aus. Dazu kommt der Sog auf der Rückseite des Skaters: Reißt die Strömung aufgrund schlechter Aerodynamik ab, entstehen Luftverwirbelungen, die

Physik und Biomechanik

Widerstände beim Skaten in Relation zur Geschwindigkeit

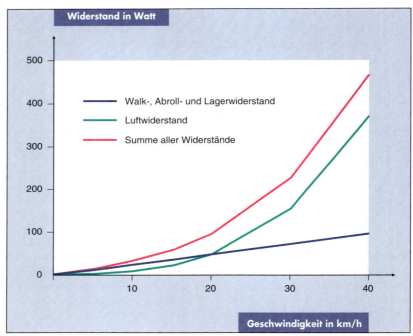

mehrere Meter lang wehen. Der Sog bremst massiv. Er verursacht die verbleibenden zwei Drittel des Luftwiderstandes. Damit kann man vorn und hinten Verbesserungen am Luftwiderstand erzielen – hinten sogar mehr als vorn.

Die Macht des Windes ist darüber hinaus stark tempoabhängig. Sie wächst überproportional, die Luftwiderstandsleistung steigt sogar in der dritten Potenz zur Geschwindigkeit. Fährt der Inline-Skater außerdem in seiner natürlichen, äußerst ungünstigen aerodynamischen Haltung, so verliert das System weitgehend seine Kraft. Der Luftwiderstandsbeiwert (c_w-Wert) eines Skaters liegt zwischen 0,8 und 1,1. Zum Vergleich: Gute Autokarosserien haben einen c_w-Wert um 0,3. Entsprechend besteht hier Handlungsbedarf, wenn es um die Optimierung der Leistung geht.

Punkt 1 und 5 der folgenden Aufzählung reduzieren den Luftwiderstand am stärksten, wobei die Haltungsveränderung stets zu Lasten höherer Muskelarbeit im Bereich des Haltungsapparates geht. Für diese statische Belastung wird wiederum Energie benötigt, die zudem unter Dauerbelastung orthopädisch zweifelhaft ist. Der Windschatten hingegen bietet ungeahnte Leistungsreserven.

Wirkende Widerstände

Tips zur Reduktion des Luftwiderstandes:
- Verringerung der Stirnfläche durch Veränderung der Haltung: Oberkörper nach vorn unten neigen.
- Die Arme bei gleichbleibend hoher Geschwindigkeit an den Körper anlegen.
- Aerodynamische Kleidung tragen.
- Für Rekordversuche die dünnere Luft in der Höhe nutzen.
- Windschatten nutzen.

Windschattenfahren

Wer das Spiel mit dem Wind beherrscht, schont seine Kraftreserven und fliegt mit ungeahnter Leichtigkeit über den Asphalt. Die Faszination des Windschattenfahrens ergreift Geschwindigkeitsfanatiker immer dann, wenn es um den Vorteil des leichteren Fahrens geht. Im harten Wettkampf, z. B. im Marathon, spielt der Windschatten, den sich die Läufer gegenseitig bieten oder entziehen, oft eine entscheidende Rolle.

Tatsache ist, daß der zu überwindende Luftwiderstand für den Inline-Skater und besonders den Speed-Skater die relevante Größe im Hinblick auf Krafteinsatz beziehungsweise Kraftersparnis darstellt. Bislang liegen zwar im Bereich des Inline-Skatings noch keine wissenschaftlichen Untersuchungen zur Effizienz des Windschattenfahrens vor, doch im Radsport gibt es eine Reihe hochinteressanter Studien, die Aufschluß über den Sog des Vordermanns geben. Der Amerikaner

Inline-Skater mit Strömungslinien: Der Luftwiderstand setzt sich aus 1/3 Druck vorn und 2/3 Sog hinten zusammen.

Physik und Biomechanik

Perfektes Windschattenfahren beim Langstreckenrennen

Wirkende Widerstände

Physik und Biomechanik

EDMUND R. BRUNKE befaßte sich in seinem Buch »Science of Cycling« ausführlich mit der Mechanik des Radfahrens, insbesondere mit Fragen der Aerodynamik und des Windschattenfahrens. Basierend auf Untersuchungen von Vierermannschaften errechnete er einen bis zu 44% geringeren Krafteinsatz der Fahrer im Windschatten gegenüber dem Fahrer, der die Führungsarbeit leistet. Die Geschwindigkeit und der Abstand zum Vordermann sind dafür maßgebliche Einflußgrößen. Da beim Inline-Skating gegenüber dem Radfahren etwas geringere Geschwindigkeiten erreicht werden, dafür der Abstand zum Vordermann bei Spitzenfahrern enger gehalten wird, ist der Vergleich durchaus akzeptabel.

Abstand	Kraftersparnis
20 cm	44 %
40 cm	42 %
60 cm	38 %
100 cm	34 %
150 cm	30 %
200 cm	27 %

Die untenstehende Grafik verdeutlicht, wie sich der Winddruck bei zunehmender Geschwindigkeit auf den Krafteinsatz des Führenden und den der Kollegen im Windschatten aus-

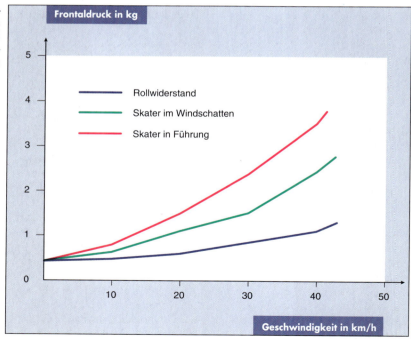

Leistungsunterschiede beim Fahren mit und ohne Windschatten

Wirkende Widerstände

Entspanntes Skaten am Seeufer

wirkt. Man sieht, daß sich bei höherem Tempo proportional mehr Kraft sparen läßt.
Die Tabelle links oben schlüsselt auf, wie sich bei größer werdendem Abstand zwischen zwei Fahrern die Kraftersparnis für den Mann im Windschatten reduziert. Wer also viel Kraft sparen möchte, muß eng an das Trikot des Vordermannes. Spürbar ist der Effekt des Windschattens aber auch noch bei einem »Sicherheitsabstand« von 2 m.
Erstaunlicherweise profitiert nicht nur der hintere Skater vom Windschatten des Vordermannes: Die aerodynamische Haltung des Verfolgers verbessert auch die Luftströmungsverhältnisse für den Vorausfahrenden in dessen Rücken, so daß er – wenn auch nur in den engen Grenzen von bis zu 2% – etwas schneller fahren kann.

Rotationswiderstand der Lager

Einen geringen Anteil der zu überwindenden Widerstandskräfte verursachen die rotierenden Teile zwischen Fußsohle und Fahrbahn. Bei handelsüblichen Fitneßschuhen drehen sich acht Rollen mit je zwei Kugellagern. Speed-Skater fahren mit zehn Rollen, also insgesamt 20 Kugellagern. Bemerkenswerterweise befinden sich damit in einem Paar Inline-Skates mehr Kugellager als in einem Fahrrad. Nachdem die Rollen im Vergleich zu anderen Fahrzeugen relativ klein sind, rotieren sie mit »relativ« hoher Drehzahl; z. B. bewegt sich eine Rolle mit 76 mm Durchmesser bei 35 km/h mit über 2300 U/Min. Die Frage nach deren Widerstand ist damit berechtigt. (Hier sei besonders auf das Kapitel »Die Lager« auf Seite 42 ff. verwiesen.)

Ausrüstung

Ausrüstung

Form, Funktion und Pflege – für jeden die richtige Ausrüstung

Das Angebot an Inline-Skates nimmt mit steigender Zahl aktiver Skater enorme Ausmaße an. Viele Hersteller aus der Schlittschuh-, Ski- oder Sportbranche ringen mit etlichen Modellen aller Preisklassen um Marktanteile. Sogar Kaufhäuser und Supermarktketten präsentieren ein Sortiment an Skates, Zubehör- und Ersatzteilen. Hartschalen, Softboots, Aggressive- und Fun-Skates aus Kunststoff, Nylon oder Leder mit Standard- oder anderem Bremssystem, mit vier oder fünf Rollen, mit Schnallen oder Schnürung zeigen immense Vielfalt und unüberschaubare Variationsbreite. Wie soll sich der Normal-Skater im dichten Angebotsdschungel zurechtfinden? Das folgende Kapitel gibt eine Orientierungshilfe.

Doch vorweg: Wer mit dem Gedanken spielt, sich Inline-Skates zu kaufen, sucht am besten den Sportfachhandel oder spezielle Inline-Skate-Fachgeschäfte auf. Geschultes und kompetentes Fachpersonal berät individuell. Darüber hinaus können in Sportgeschäften Servicetätigkeiten und Hilfestellungen erwartet werden. Der etwas höhere Preis von Markenprodukten rechtfertigt sich durch die bessere Qualität der verarbeiteten Materialien. Einwandfreie Rollen und Lager, aufwendigere Verarbeitung, technische Innovationen, mehr Komfort und Langlebigkeit zeichnen Skates namhafter Hersteller aus.

Der Skate

Fast alle Inline-Skates haben einen ähnlichen Aufbau: Die dickhäutige Schale schützt den weichen Innenschuh. An der Sohle ist die Schiene montiert. Sie bildet das Fundament des Skates, trägt den Bremsstopper, die Achsen, die Kugellager und die Rollen.

Der Skate

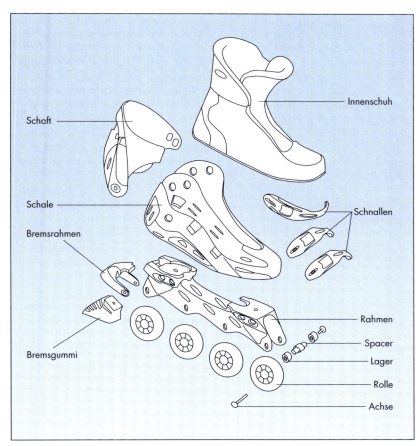

Der Inline-Skate mit seinen Komponenten

Nur die Kugellager haben bei nahezu allen Herstellern die gleiche Größe. Alle anderen Teile sind nicht normiert; sie unterliegen spezifischen Anforderungen, die an die Skates gestellt werden, oder einfach nur dem Einfallsreichtum kreativer Designer. Bremsstopper, Schrauben oder Schnallen der verschiedenen Produzenten sind leider meist nicht untereinander kompatibel. Nur Markenhersteller verbürgen sich für den problemlosen Austausch defekter oder abgenutzter Teile.

Die Schale

Der eigentliche Schuh besteht aus einer Kunststoffschale. Sie gibt Halt und überträgt die Kräfte auf Schiene und

Ausrüstung

Rollen. Dieser korpulente »Schönwetterstiefel« sollte mehrere Belüftungsschlitze aufweisen, nicht zu schwer sein und je nach Einsatzbereich Knöchelstabilität geben. Dennoch darf er den Fuß nicht zu sehr fixieren oder gar einengen. Spezial-Skates für den Hockey- und Stuntbereich sind zudem an den jeweils besonders beanspruchten Stellen zusätzlich verstärkt, um den extremen Belastungen standzuhalten.

Schnallen oder Schnürung – das ist die Frage. Jugendliche wissen oft vorschnell eine Antwort: Schnallen! Denn Schnallenstiefel sind schneller und bequemer anzuziehen. Das stimmt, aber Schnallen-Skates wiegen gegenüber Schnür-Skates grundsätzlich mehr, und ihre Paßform leidet unter dem Verschluß. Darüber hinaus haben die Schnallen höchst umständliche Wiederbeschaffungswege oder sind schlicht nicht zu bekommen. Der antike Schnürsenkel findet also doch noch seine Berechtigung. Bei vielen Modellen setzt sich deshalb eine stabile Kombination durch: Schnürung im Rist und eine Schnalle am Schaft.

Der Rahmen

Die Schiene ist mit dem Stiefel vernietet oder verschraubt. Sie wird auch als Frame oder Rahmen bezeichnet. Der Frame ist starken Stoß-, Zug-, Druck- und Scherkräften ausgesetzt. Er muß als Träger der Rollen gute Steifigkeit aufweisen, um die Kugellager vor bremsenden Verwindungskräften zu schützen. Gemeinsam mit den Rollen bestimmt die Schiene die Feder- und Dämpfungseigenschaften sowie die Spurtreue des Fahrwerks. Schienen werden heute aus Kunststoff in Spritzgußtechnik, aus hochwertigen Aluminiumlegierungen oder aus Glasfaser und Karbon gefertigt. Die Dämpfungseigenschaften von Kunststoff sind denen von Aluminium überlegen, hingegen überträgt letzteres die Kraft des Skaters besser auf den Untergrund.

Je länger die Schiene, desto besser der Geradeauslauf. Sind fünf Rollen plan auf den Frame gefädelt, fährt man tatsächlich wie auf Schienen. Ist hingegen die Kufe kurz oder konvex gebogen, wird ihr diese Eigenschaft genommen (Rockering). Das Fahrverhalten ist wendiger, der Skate verzeiht kleine Fehler. Höheres Tempo mißbilligt er jedoch mit Instabilität und beginnt zu flattern.

Die Schienen stehen nicht immer senkrecht unter dem Schuh. »Canting« nennt sich die Möglichkeit, diese Einstellung auszugleichen. Eine Fußfehlbelastung wird unterbunden. Ob mit oder ohne Canting, in Neutralhaltung sollten die Rollen auf jeden Fall vertikal stehen. Hierbei geht es um orthopädische Aspekte, denn Fußfehlhaltungen, insbesondere bei Kinderfüßen, können Langzeitschäden verursachen. Das Canting wird am Schaft vorgenommen; er wird am Fußgelenk seitlich gekippt.

Bei einigen Spitzenmodellen läßt sich die Schiene in allen Richtungen individuell einstellen. Der Winkel der Schiene zur Fußlängsachse kann seitlich

Der Skate

um wenige Grad variiert werden, und die Schiene läßt sich wenige Millimeter vor- bzw. zurücksetzen. Die Lage der Schiene sollte jeweils nur geringfügig verändert werden, da dies starke Auswirkungen auf das Fahrverhalten hat. Besonders stark wirkt sich das Vor- und Zurücksetzen aus.

Der Innenschuh

In der Kunststoffschale befindet sich ein herausnehmbarer Innenschuh. Dieser legt die Paßgenauigkeit für das Fußbett, die Fußbreite, den Fersenhalt und die Schafthöhe fest. Aus produktionstechnischen Gründen ist es billiger, nicht für alle Schuhgrößen Schalen herzustellen. Nur jede zweite oder dritte Größe bekommt eine eigene Schale. Die Zwischengrößen bestimmt der Innenschuh, der in die nächstgrößere Schale eingepaßt wird. Innenschuhe sollten über dem Knöchelbereich tailliert sein, um einen guten Sitz zu garantieren. Polsterungen im Knöchelbereich und festeres Material auf der Zunge verteilen den Druck und erhöhen den Komfort.

Spezielle Damenskates

Der weibliche Fuß weist anatomische Besonderheiten auf, die spezielle Ansprüche an die Paßform des Skates stellen:

- Der Skate ist schmäler geschnitten, weil der Vorderfuß weniger voluminös ist (schmälere Leisten).
- Das Fußbett ist ausgeprägter, da das Fußgewölbe höher ist.
- Der Schaft ist niedriger und weiter, da der Wadenansatz tiefer liegt.

Darüber hinaus ist der weibliche Fuß druckempfindlicher als der des Mannes, so daß die Frage, ob eine Frau einen Herrenschuh tragen kann, eindeutig beantwortet werden kann: Nur dann, wenn er genau paßt.

Die Rollen

Die wichtigsten Komponenten des Skates stellen die Rollen dar. Sie machen aus dem Stiefel einen rollenden Skate, verbinden Skater und Untergrund und geben Traktion und Dämpfung. Inzwischen wird eine enorme Anzahl verschiedener Rollen angeboten. Je nach Einsatzbereich unterscheiden sie sich in Durchmesser, Profil und Härte. Die Außendurchmesser der Rollen variieren von knapp 50 mm bis 80 mm. Größere Rollen sind laufruhiger, schneller und finden ihren Einsatz im Fitneß- und Speedbereich. Kleine Rollen bieten mehr Wendigkeit und Standstabilität und finden im Hockey-, Kinder- und

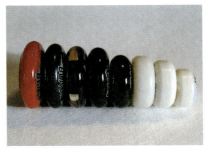

Rollengrößen von 80 mm bis 50 mm Durchmesser mit unterschiedlichen Profilen

Ausrüstung

Stuntbereich ihre Verwendung. Der Härtegrad einer Rolle wird in »A« gemessen. Er bestimmt die Haftung der Rolle am Untergrund (= Grip) und geht von 74 A (weiche Rolle) bis über 100 A (extrem harte Rolle). Härtere Rollen bringen Vorteile auf hartem, glattem Terrain, auf Ramps oder in der Halfpipe. Die Rollen müssen beim Stunt-Skaten extrem hart sein. Nur so erlauben sie seitliches Rutschen auf Geländern oder Treppenstufen (»Grinden«). Weichere Rollen überzeugen eher auf rauhem Untergrund. Sie dämpfen spürbar die Vibrationen, haften besser, aber fahren sich wesentlich schneller ab.

Die Größe der Rolle und der Härtegrad ist auf den meisten Rollen seitlich aufgedruckt. Der Härtegrad einer Rolle gibt nur bedingt Auskunft über den Kräfteverschleiß beim Fahren. Aussagekräftiger wäre eine Kombination aus Elastizität und Härte des verwendeten Kunststoffes, denn beide Komponenten haben Einfluß auf den Walkwiderstand. Zwei Rollen gleicher Härte können daher deutlich unterschiedliche Rolleigenschaften aufweisen. Die elastischere ist um Längen besser. Materialspezifische Eigenschaften geben den Ausschlag. Polyuretan (PU) – im Volksmund Gummi – hat hierbei die Nase vorn. Ein

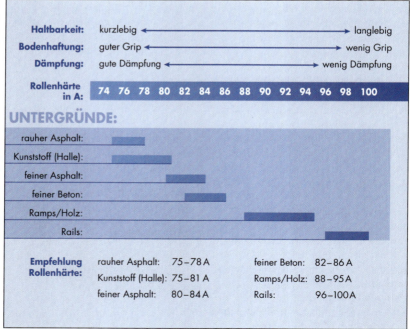

Für jeden Einsatz die richtige Rollenhärte

Der Skate

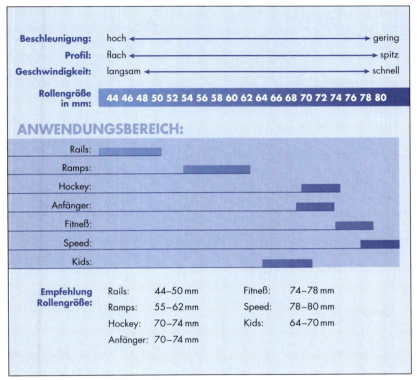

Beschleunigung:	hoch ←————————————————→ gering				
Profil:	flach ←————————————————→ spitz				
Geschwindigkeit:	langsam ←————————————————→ schnell				

Rollengröße in mm: 44 46 48 50 52 54 56 58 60 62 64 66 68 70 72 74 76 78 80

ANWENDUNGSBEREICH:

- Rails:
- Ramps:
- Hockey:
- Anfänger:
- Fitneß:
- Speed:
- Kids:

Empfehlung Rollengröße:

Rails:	44–50 mm		Fitneß:	74–78 mm
Ramps:	55–62 mm		Speed:	78–80 mm
Hockey:	70–74 mm		Kids:	64–70 mm
Anfänger:	70–74 mm			

Größe und Profil der Rolle entscheiden über ihre Laufeigenschaften.

kleiner Test kann das verdeutlichen: Läßt man die Rolle auf einen harten Untergrund fallen, so muß sie zurückspringen (= Rebound). Billige Plastikrollen springen kaum über die Hälfte des Ausgangsniveaus zurück.
Neben der Größe und dem Material beeinflußt das Profil der Rolle ihre Fahreigenschaften. Spitze Profile haben unter Belastung eine runde Aufsetzfläche und bieten infolgedessen weniger Rollwiderstand. Sie sind deshalb schneller. Flache Profile bringen hingegen mehr Standsicherheit.

Größere Rollen mit spitzem Profil ermöglichen höhere Geschwindigkeiten.

Ausrüstung

Der Bremsstopper

»Wer bremst, verliert« – und so schrauben viele Jugendliche den Bremsstopper einfach ab. Der kleine Gummiklotz an der Ferse behindert Hockeyspieler und Aggressive-Skater. Gutes Fahrkönnen und die Situation auf dem Hockeyfeld ermöglichen sicheres Skaten und Bremsen auch ohne Stopper. Einige Stunt- und Hockey-Skates werden bereits ohne Bremse ausgeliefert. Für Fitneß-Skater und im Straßenverkehr ist die Fersenbremse allerdings unerläßlich und ein unbedingtes Muß! Der schwarze Gummi an der Ferse sollte in der richtigen Höhe justiert sein. Doch nicht alle Bremssysteme erlauben eine Höhenregulierung. Daher müssen Bremsgummis an einfacherem Bremsgestänge öfter ausgewechselt werden. Schwarze Stopper hinterlassen Streifen am Boden und sind deshalb in Sporthallen ungern gesehen. Non-marking-Stopper sind grau, hinterlassen farblose Streifen und sind meist zum selben Preis im Fachhandel erhältlich.

Die Lager

Das Herz eines Inline-Skates besteht aus 16 Kugellagern. Sie bieten Diskussionsstoff: Einerseits rauben schlechte Lager Bewegungsenergie, geben rasselnde Geräusche von sich oder beginnen irgendwann häßlich zu quietschen, andererseits erhält der Käufer oft Kugellager, deren Qualitätsstandard zweifelhaft ist. Grund dafür ist die Unzulänglichkeit der ABEC-Norm und die damit zusammenhängenden Probleme:

- Die ABEC-Norm hält nicht, was viele in sie hineininterpretieren.
- Die ABEC-Norm ist nicht überall gültig, z. B. nicht in Deutschland.
- Sobald das Lager gedichtet in der Rolle liegt, läßt sich die ABEC-Norm nicht mehr nachweisen, weder von einem Käufer noch von einem Experten.
- Nahezu alle Firmen und Verkäufer werben mit der ABEC-Norm.

Billiganbieter kaufen also in Fernost zentnerweise Kugellager und prägen

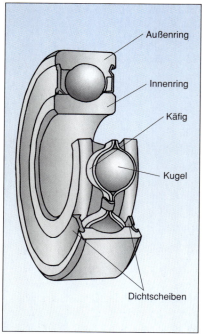

Schnitt durch ein Kugellager

Außenring
Innenring
Käfig
Kugel
Dichtscheiben

Der Skate

ihnen hier, je nach Bedarf, eine ABEC-Norm auf – ein profitables Geschäft. Der Verkäufer dreht dann im Supermarkt vor dem Käufer an den Rollen und sagt ganz forsch: ABEC 5! Beide wissen jedoch nicht, was wirklich darin steckt.

Exkurs:

Das ABEC (**A**nnual **B**earing **E**ngineer **C**ommittee) legt Toleranzen für Kugellager fest. Dabei handelt es sich ausschließlich um geometrische Werte. Untenstehende Tabelle gibt darüber näher Auskunft.

Maß	ABEC 1	ABEC 3	ABEC 5	ABEC 7
Bohrung d = 8 mm	0/-0,008	0/-0,007	0/-0,005	0/-0,004
Außenmaß D = 22 mm	0/-0,009	0/-0,008	0/-0,006	0/-0,005
Radialschlag Innenring	0,010	0,006	0,004	0,0025
Radialschlag Außenring	0,015	0,009	0,006	0,004
Axialschlag Innenring	*	*	0,007	0,004
Axialschlag Außenring	*	*	0,008	0,005

* = nicht festgelegt für ABEC 1 und ABEC 3;
alle Toleranzwertangaben in mm

Zum Vergleich:

maximaler Radialschlag Innenring ABEC 5	0,004 mm
durchschnittlicher Durchmesser Hausstaubkorn	0,010 mm
Straßenstaub	0,020–0,040 mm
Haar	0,060 mm

Meßtoleranzen für ABEC 1 bis ABEC 7 (Lager, die mit weniger Genauigkeit gefertigt sind als ABEC 1, werden als Präzisions-, Semipräzisions- oder Standardkugellager bezeichnet)

Die ABEC-Norm gibt damit Toleranzen für Maß- und Laufgenauigkeit an. Besondere Funktionsangaben bietet sie jedoch nicht. Sie gibt also keine Auskunft über
- die Qualität der verarbeiteten Materialien, insbesondere der Laufflächen,
- das Lagerspiel (axial und radial),
- die Art und Menge des Schmierstoffes,
- die Art und Qualität des Käfigs,
- die Art, Ausführung und Wirksamkeit der Abdichtungen,
- die Reibungszahl.

Ein Vergleich verdeutlicht die geringe Aussagekraft der ABEC-Norm: Ein Radfahrer fährt 10 km auf einem Weg. Die Höhendifferenz des Weges beträgt maximal 2 m. Dieser Weg entspricht genau den Anforde-

Ausrüstung

rungskriterien der ABEC-1-Norm, jedoch in vergleichsweise wesentlich größerem Maßstab als bei den Laufflächen eines Kugellagers.

Können wir damit Aussagen über den Energieeinsatz des Radfahrers machen? – Nur bedingt! Wir wissen zwar, daß der Radfahrer insgesamt 2 m Höhenunterschied zu überwinden hat, aber wir wissen nicht, wie oft. Weist die spiegelglatte Fahrbahn eine unmerkliche Gesamtsteigung von schlimmstenfalls 2 m auf, fährt der Radfahrer leicht. Muß er ständig über kurze, steile Zwei-Meter-Hügel strampeln, erschwert sich seine Fahrt. Bremst darüber hinaus die Struktur des Fahrbahnbelags, weil der Radler nicht über Teer, sondern eine staubige Sandpiste fährt, wird seine Fahrt noch beschwerlicher.

Diese Betrachtung verdeutlicht: So wenig wir über die Befahrbarkeit des Weges wissen, so wenig sagt die ABEC-Norm über die Rolleigenschaften der Kugeln in ihrer Umlaufbahn aus. Interessanter wäre zu wissen, wie groß die Rollreibung und das Laufreibungsmoment des Kugellagers ist. Zweiteres ist das Drehmoment, das nötig ist, um ein Kugellager in Bewegung zu halten. Doch darüber bewahren die Hersteller von Inline-Skates Stillschweigen.

Und noch etwas sollte in Frage gestellt werden: Sind die Abmessungen im Kugellager im Tausendstel-Millimeter-Bereich für Inline-Skates berechtigt? Das Lager steckt in einer Kunststoffelge, die in relativ ungenauer Spritzgußtechnik hergestellt wird und auf einen Kunststoff-Spacer geschoben wird. Die Kunststoffteile weisen Toleranzen bis 0,5 mm auf. Wird zudem das Lager nicht genau radial belastet oder wird es gequetscht, so schmilzt der Nutzen eines ABEC-Lagers schnell zusammen.

Der einzige Vorteil, den ein Lager mit höherer ABEC-Norm und damit mit höherer Fertigungsgenauigkeit bietet, ist die eventuell längere Lebensdauer. Genauere Fertigung bedeutet weniger Spiel und damit weniger Verschleiß, was die Lager wahrscheinlich unmerklich länger leben läßt.

Die Umlaufbahn

Ein Kugellager dreht sich beim Skaten zwischen 1000mal pro Min. (bei 15 km/h) und 2700mal pro Min. (bei 40 km/h). Der Unterschied zwischen einem ABEC-1-Lager und einem ABEC-5-Lager ist erst ab einer Umdrehungszahl um 20 000 U/Min. relevant. Dies würde der Geschwindigkeit eines Inline-Skaters von 300 km/h entsprechen. Bei dieser Geschwindigkeit erwärmt sich ein ABEC-1-Lager auf knapp 80 °C – doch der Walkwiderstand des Kunststoffs hätte die Rolle längst zum Schmelzen gebracht!

Wichtiger ist die Laufflächenform und der Sitz der meist sieben Kugeln im Lager. Im Stunt- und Hockeybereich, wo starke Schläge und seitliche Belastungen auftreten, werden Lager mit tiefem Sitz der Kugeln verwendet. Sie bieten mehr Stabilität. Für den Fitneß- und Racebereich bringt der weniger tiefe Sitz der Rollen und eine flachere

Der Skate

Lauffläche geringeren Rollwiderstand und somit höhere Geschwindigkeiten. Eine noch größere Rolle spielt die Bearbeitung der Laufflächen. Sie beeinflußt das Rollverhalten der Lager ganz wesentlich. Je öfter und feiner die Laufflächen ziehgeschliffen und poliert (gehont) sind, desto besser rollt das Lager. So lassen sich die enormen Preisunterschiede zwischen Lagern mit der gleichen ABEC-Norm erklären.

Der Käfig

Ein Käfig hält die Kugeln an ihrem Platz. Stahlkäfige sind am stabilsten und am reibungsärmsten. Messingkäfige sind preiswerter, deformieren leichter und haben etwas schlechtere Reibungswerte. Plastikkäfige deformieren am leichtesten, haben höhere Reibung und sind am billigsten. Am hochwertigsten und am teuersten sind Polyamidkäfige. Sie nehmen nach Deformation ihre Ursprungsform wieder ein.
Die Genauigkeit des Käfigs beeinflußt die Eignung des Kugellagers fürs Inline-Skating. Ein flexibler Kunststoffkäfig verzeiht Fehler, er ist aber nicht generell besser als andere Käfige.

Die Dichtung

Die meisten Kugellager schützen zwei seitliche Deckscheiben aus Kunststoff, Blech oder Stahl (Bezeichnung 2Z oder ZZ). Nichtschleifende Dichtscheiben lassen Schmutz und Feuchtigkeit ins Lager. Neue Labyrinth-Deckscheiben verhindern trotz nichtschleifender Dichtungen das Eindringen von Schmutz. Teilweise werden einseitig geschlossene Lager (Bezeichnung Z) verwendet, deren Reinigung einfacher ist. Die geöffnete Seite muß zur Rollenmitte gerichtet sein.

Schmierung der Kugellager

»Wer gut schmiert, fährt gut«, heißt es (doppeldeutig) im Volksmund. Doch nicht nur die erreichte Veränderung der Oberfläche bringt Vorteile, sondern auch ein thermischer Aspekt. Ein Kugellager läuft ohne Schmierung heiß. Die Kugel drückt annähernd punktförmig auf die Lauffläche. Dort entstehen extrem hoher Druck (800 bis 4000 N/mm^2) und somit sehr hohe Temperaturen. Die Materialien verschweißen und werden, sobald sich die Kugel weiterdreht, wieder auseinandergerissen. Der Abriß hinterläßt Mikrobeschädigungen und führt zu Verunreinigungen im Lager. Das Schmiermittel zwischen Kugel und Lauffläche verhindert deren Kontakt, denn ein sehr dünner Film (Größenordnungen zwischen 0,11 und 0,15 µm) bleibt auch bei sehr hohem Druck bestehen. Das Fett oder Öl verhindert das Verschweißen der Materialien. Also schmieren – aber nicht zuviel! Eine zu große Dosis läßt durch zunehmende Reibung den Wirkungsgrad wieder sinken.
Man unterscheidet zwischen öl- und fettgeschmierten Lagern: Öl fließt – Fett steht. In Anbetracht der relativ niedrigen Drehzahlen ist der Schmiermittelwiderstand von Öl bei der Fahrt vernachlässigbar klein. Daher findet

Ausrüstung

Öl hauptsächlich im Racebereich Einsatz. Aber auch im Kinder- und »Billig-Skate«-Bereich wird häufig Öl als Schmiermittel verwendet, da es preiswert ist und beim Andrehen der Rolle im Laden den Eindruck eines »guten« Lagers vortäuscht.

Eine ölgelagerte Rolle dreht sich viel länger. Öl hat allerdings den Nachteil, daß es mit der Zeit verfliegt. Diese Lager müssen also ständig gewartet und nachgeölt werden.

Der Schmiermittelwiderstand von fettgeschmierten Lagern ist je nach Fettart ca. 10- bis 40mal größer als der von geölten Lagern. Ein gefettetes Lager erreicht seine optimalen Gleiteigenschaften erst bei einer bestimmten Betriebstemperatur, also nachdem es einige Kilometer gefahren wurde. Es erwärmt sich und wird flüssiger. Zum Skaten wurden spezielle Fette entwickelt. Sie besitzen gute Gleiteigenschaften und schützen Kugeln und Laufflächen gegen das Eindringen von Wasser und Staub.

Außer im extremen Race- und Langstreckenbereich sind daher auf jeden Fall gefettete Lager zu empfehlen, denn dem Nachteil des geringfügig größeren Widerstands stehen Langlebigkeit und relative Wartungsfreiheit gegenüber.

Wie ein Auto, so müssen auch Kugellager eingefahren werden. Ein hochwertiges Kugellager erreicht seine volle Leistungsfähigkeit erst nach 70 bis 100 km. Dann haben sich kleinste Unebenheiten der Kugeln und Laufflächen eingeschliffen, und das Schmiermittel ist optimal verteilt. Viele Lager rollen in neuwertigem Zustand nahezu gleich. Die Unterschiede kommen erst nach vielen Kilometern ans Licht. Schlechte Lager entwickeln Lagergeräusche oder überleben die ersten hundert Kilometer gar nicht. Gute Lager hingegen bleiben laufruhig und schnell.

Modelleinteilung

Inline-Skates lassen sich in fünf Klassen einteilen, die hauptsächlich ihren Einsatzbereich kennzeichnen. Neben dem Allroundbereich, bestehend aus den zwei Klassen Kinder und Fitneß, gibt es Spezialklassen, zu denen Aggressive, Hockey und Race zählen.

Kinder

Inline-Skates für Kinder sind meist leichte, einfache Erwachsenen-Skates in kleinen Größen. Sie kosten etwa die Hälfte. Absolute Billig-Skates haben in dieser Kategorie fast immer gravierende qualitative Mängel und verderben den Spaß. Mittlerweile werden sogar Spezial-Skates für Hockey oder Stunt in sehr kleinen Größen speziell für Kinder angeboten.

Da die Kleinen sehr schnell aus ihren Skates herauswachsen, sollte die Häufigkeit der Benutzung ein wichtiges Kaufargument sein. Einige Hersteller bieten größenverstellbare Inline-Skates an. Diese können mit dem Kinderfuß mitwachsen.

Modelleinteilung

Fitneß

Die Gattung der Fitneß-Skates umfaßt ein breites Spektrum. Vom einfachsten Billigmodell über gute Einsteiger-Skates bis hin zum technisch hochgezüchteten Trainingsstiefel wird fast alles mit »Fitneß-Skate« bezeichnet. Billig-Skates weisen meist gravierende technische Mängel auf oder überleben nicht lange.
Einsteigermodelle sind preisgünstig. Eine Plastikschale mit Innenschuh, Schnürung, nicht selten geölten Lagern und erschwinglichen Rollen zwischen 72 und 76 mm Durchmesser kennzeichnen diese Klasse. Wer nur mal ab und zu rollen will und keine hohen Ansprüche an Lebensdauer, Belastbarkeit und Komfort stellt, für den reicht ein solcher Skate.
Wer einen guten Allround-Skate will, muß tiefer in die Tasche greifen – für gute Paßform, hochwertige Materialien, gute Verarbeitung, langlebige, leichtlaufende Kugellager. Und wer einmal in einem guten Fitneß-Skate gestanden ist, der wird sich mit nichts anderem mehr zufriedengeben. Diese Modelle eignen sich hervorragend, um längere Strecken zurückzulegen. Skifahrer und viele andere Sportler benutzen sie zur Konditionsverbesserung im Sommer.

Soft

In jüngster Zeit hat sich im Fitneßbereich ein neuer Trend zum Soft-Skate entwickelt. Soft-Skates sind meist aus Nylongewebe und Leder gefertigt. Im

Kinder-Skate

Fitneß-Skate

Soft-Skate

Fersen-, Knöchel- und Schaftbereich weisen sie Kunststoffverstärkungen auf. Sie sind äußerst angenehm zu tragen und sitzen besser am Fuß als eine harte Kunststoffschale. Die Schnürung im Ristbereich und eine

47

Ausrüstung

Stunt-Skate

Hockey-Skate

Stunt

In der Halfpipe, beim Springen und Grinden sind die Skates extremen Belastungen ausgesetzt. Spezial-Skates für diese Disziplinen haben eine sehr harte Schale und sind an den besonders beanspruchten Stellen mit Kunststoff- oder Metallstücken (= Grind Plates) verstärkt. Da Schnallen zwar komfortabler, aber bruchgefährdet sind, werden Stunt-Skates ausschließlich geschnürt. Eine Schnalle verleiht nur im Ristbereich zusätzlichen Halt. Auch die Lager und Rollen sind auf spezielle Techniken und hohe Belastungen abgestimmt. Sehr kleine Rollen unter 60 mm bringen Wendigkeit. Eine niedrige Schiene verleiht dem Skate die nötige Stabilität. Rollen über 100 A Härte ermöglichen das Grinden, das Rutschen auf Geländern oder Treppen, und das Fahren in der Halfpipe. Für Freizeit-Skater sind diese Skates nicht geeignet.

Schnalle am Schaft ermöglichen eine exakte Paßform.
Aufgrund der weichen Materialien geben Soft-Skates nur geringe Seitenstabilität und übertragen die Kraft schlechter als ihre Hartschalenkameraden. Anfänger fühlen sich deshalb in festen Schalenschuhen sicherer. Trotz allem Komfort hat der Soft-Skate einen gravierenden Nachteil. Die Kraftübertragung von Bein und Fuß auf den Bremsstopper ist aufgrund der geringeren Knöchelstabilität stark reduziert. Somit verlängert sich der Bremsweg drastisch!

Hockey

Hockey-Skates ähneln Eishockey-Schlittschuhen sehr. Deshalb bieten viele namhafte Schlittschuhhersteller Hockey-Skates an. Sie haben keinen Innenschuh und sind aus Leder-, Kunstleder oder Nylon. Kunststoffverstärkungen und Knöchelpolsterungen schützen den Fuß, garantieren optimale Paßform und festen Sitz. Ein Hockey-Skate sollte unbedingt geschnürt sein, da die Schnallen im Spiel durch Schläger und Puck leicht beschädigt werden. Die Schiene be-

Die Schutzausrüstung

steht meist aus Aluminium. Das harte Material ermöglicht direkte Kraftübertragung für spurtstarke Antritte. Zudem verleiht ein sehr kurzer Rahmen dem Skate extreme Wendigkeit. Gespielt wird je nach Untergrund mit weichen bis sehr weichen Rollen mittlerer Größe.

Race

Race-Skates stehen auf fünf Rollen und einer langen Schiene. Die größere Auflagefläche sorgt bei hohen Geschwindigkeiten für mehr Stabilität und Laufruhe. Dies geht deutlich auf Kosten der Drehfreudigkeit. Race-Skates sind extrem leicht; es werden Materialien wie Karbon und Aluminium verarbeitet. Möglichst große Rollen (80 mm) und leichtlaufende, hochwertigste, ölgeschmierte Lager ermöglichen sehr hohe Geschwindigkeiten.

Speed-Skate

Aufgrund der relativ schlechten Wendigkeit und des hohen Preises sind Race-Skates für den Breitensportler nur bedingt geeignet.

Die Schutzausrüstung

Die Schutzausrüstung eines Inline-Skaters umfaßt Handgelenkschoner (Wrist Guards), Knie- und Ellenbogenschoner (Knee-/Ellbow Pads) und einen Helm.

Protektoren für Ellenbogen, Kopf, Hand und Knie

49

Ausrüstung

Spezialausrüstung für Hockeyspieler: Schienbeinschoner und Handschuhe

Ein guter Schoner besteht aus einem dehnbaren Stoffteil und einer stabilen Plastikschale, die innen zusätzlich gepolstert sein sollte. Die Schoner müssen fest sitzen, ohne einzuschnüren. Anatomisch geschnittene Knie- und Ellenbogenschützer passen optimal auf ein Gelenk und bieten guten Sitz. Ein Schoner, der beim Sturz verrutscht, ist nutzlos.

Ein Helm kann Kopfverletzungen vermeiden. Für Skater im Freizeitbereich sind Fahrradhelme ausreichend. Wer allerdings springen, in der Halfpipe skaten oder Hockey spielen will, der sollte unbedingt einen Spezialhelm tragen. Zu bedenken ist, daß der beste Schutz zwar das Risiko einer Verletzung bedeutend verringern kann, aber keine Garantie gegen Verletzungen beim Skaten ist.

Spezialausrüstung

Die angebotene Spezialschutzausrüstung, wie beispielsweise Schienbeinschoner, Hosen mit Plastikeinsätzen und Spezialhandschuhe zum Hockeyspielen oder zum Aggressive-Skating, sind durchaus empfehlenswert. Sie sind auf die Anforderungen der jeweiligen Skate-Disziplin abgestimmt und helfen, die häufigsten Verletzungen zu vermeiden.

Verletzungen beim Inline-Hockey verursachen oft der Puck und der gegnerische Schläger: Sie gefährden Schienbeine und Finger. Schienbeinschoner und Handschuhe mit verstärkten Kunststoffkappen an den Fingern

Spezialschoner für starke Beanspruchung in der Halfpipe: Hand-, Ellenbogen- und Knieschutz

Welcher Skate paßt zu mir?

bieten Schutz. Übliche Handgelenkschoner können nicht getragen werden, weil der stabilisierende Einsatz schnelles Schlägerhandling unterbindet.

Welcher Skate paßt zu mir?

Im Laden stehende Inline-Skates bestechen durch Form, Farbe und Preis – Kriterien, die der Industrie sehr wohl bekannt sind. Gutes Design läßt sich nun mal vorzüglich verkaufen, doch sollten andere Kriterien als Form und Farbe kaufentscheidend sein.
Der Schuh muß passen. Die Inline-Skates verschiedener Hersteller werden leider in unterschiedlichen und in Deutschland unüblichen Größen angeboten. Die Maßskala auf S. 52 gibt eine Orientierungshilfe. Dennoch können die Skates sehr unterschiedlich ausfallen.
Beim Kauf neuer Inline-Skates sollten individuelle Bedürfnisse im Vordergrund stehen: Der Einsatzbereich, das eigene Fahrkönnen und die Benutzungsdauer geben konkrete Anhaltspunkte für den eigenen Anspruch an das Sportgerät.
Zunächst gilt es, sich für eine der vier im folgenden aufgezählten Hauptkategorien zu entscheiden.
- Hockey: Sie wollen mit dem Skate Inline-Hockey spielen.
- Stunt: Sie fahren überwiegend in Halfpipes, auf Geländern oder machen Sprünge.
- Speed: Ihr Ziel ist das Erreichen hoher Durchschnitts- oder Maximalgeschwindigkeiten.
- Fitneß: In diese Kategorie gehören alle, denen es schwerfällt, sich auf eine Disziplin festzulegen, und deren Anspruch das breitgefächerte Inline-Skating ist.

Für den zweiten Schritt ist es wichtig, zu wissen, wie tief Sie in den Sport einsteigen wollen.
- Wollen Sie Freizeit-Skater bleiben und nicht öfter als einmal pro Woche die Rollen schwingen, so finden Sie die Anforderungen, die Sie an die Ausrüstung stellen sollten, in der Klasse der Allround-Skater.

Hockeyhelm

Fitneßhelm

Ausrüstung

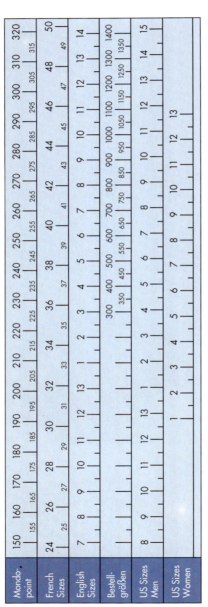

Internationale Größen für Inline-Skates im Vergleich

- Benützen Sie Inline-Skates als Trainingsgerät, fahren Sie mehr als einmal pro Woche oder ausdauernd, so stufen Sie sich in die Kategorie der Könner ein.
- Wollen Sie nur das beste Material, weil Sie an Wettkämpfen teilnehmen, so gehören Sie zu den Profis. (In diese Gruppe können sich auch all diejenigen einordnen, denen es egal ist, wie teuer ihr Sportgerät ausfällt, wenn es nur das beste ist.)

Zu jeder Kategorie finden Sie in der rechten Tabelle eine Spalte. Dort steht aufgelistet, welche Kriterien ihr Skate erfüllen sollte.
Wer mit diesen Vorgaben in ein Sportgeschäft geht und nach einem Skate mit seiner persönlichen Fußform verlangt, kann jetzt immer noch nach individuellem Design Ausschau halten. Er bekommt sicher den Skate, der seinen Bedürfnissen entspricht, und kauft nicht genau das Modell, das der Verkäufer gerade im Überschuß auf Lager hat.
Für die unerläßliche und funktionelle Schutzausrüstung müssen Sie mindestens 100,– DM einrechnen. Kleine Extras bieten darüber hinaus oft vernünftige Ausstattungsvorteile bezüglich Hygiene und Wartung:
- Ein herausnehmbarer Innenschuh läßt sich reinigen oder sogar in der Waschmaschine behandeln.
- Achten Sie auch auf die Waschbarkeit der Schutzausrüstung.
- Wer mit seinen Skates mehrere Bereiche abdecken möchte, sollte

Welcher Skate paßt zu mir?

		Fitneß	Stunt	Speed	Hockey
ALLROUND	Skate	Soft- oder Hartschale			
	Verschlußsystem	Schnürung/Schnalle			
	Schiene	Kunststoff			
	Rollengröße	72–76 mm			
	Rollenhärte	78A–82A			
	Kugellager	gefettet			
	Bremse	einfacher Stopper			
	Spacer, Felge	Kunststoff			
	Schafthöhe	hoch			
	Radstand	normal			
KÖNNER	Skate	Soft- oder Hartschale	Hartschale	Soft- oder Hartschale	Skate aus Leder, Nylon und Plastik
	Verschlußsystem	Schnürung/Schnalle	Schnürung mit Topschnalle	Schnallen oder Schnürung	Schnürung
	Schiene	Kunststoff oder Alu	Kunststoff	Alu	Kunststoff
	Rockering	2 Rollen	2 Rollen	nein	4 Rollen
	Rollengröße	76–80 mm	44–60 mm	80–82 mm	70–74 mm
	Rollenhärte	78A–82A	über 82A	78A–82A	75A–86A
	Kugellager	gefettet	gefettet, tiefer Sitz der Kugeln	gefettet, flacher Sitz der Kugeln	gefettet
	Bremse	höhenverstellbar	demontierbar	kleiner Stopper, demontierbar	demontierbar
	Spacer	Nylon	Nylon oder Alu	Alu	Nylon
	Schafthöhe	hoch	mittel	mittel	mittel
	Dämpfungselemente	eventuell	keine	eventuell	keine
	Besonderheiten		Verstärkungen von Schale und Schiene		seitliche Schutzkappen
PROFI	Skate	Soft- oder Hartschale	Hartschale	Kunststoff/Leder-Kombination	Kunststoff/Leder-Kombination
	Verschlußsystem	Schnalle/Schnürung	Schnürung mit Topschnalle	Schnürung	Schnürung
	Schiene	Alu oder Karbon	Kunststoff	Alu oder Karbon	Alu
	Rockering	4 Rollen	4 Rollen	nein	4 Rollen in 2 Dimensionen
	Rollengröße	76–80 mm	44–60 mm	80–82 mm	70–74 mm
	Rollenhärte	78A–82A mit hoher Elastizität	über 82A	je nach Untergrund mit hoher Elastizität	75A–86A
	Kugellager	gefettet	gefettet, tiefer Sitz der Kugeln	geölt, flacher Sitz der Kugeln	gefettet
	Bremse	Bremssystem	keine	keine	keine
	Spacer	Alu	Nylon oder Alu	Alu, evtl. Alufelgen	Alu
	Schafthöhe	hoch	mittel	extrem niedrig	mittel
	Dämpfungselemente	im Bereich der Ferse	keine	keine	keine
	Besonderheiten		Verstärkungen von Schale und Schiene	extrem leichte Bauweise	seitliche Schutzkappen

Ausrüstung

sich im Fachhandel mögliche Umbaumaßnahmen erklären lassen.
- Das Wechseln der Rollen sollte möglichst unkompliziert und schnell ablaufen. Auch hierzu gibt es inzwischen Schnellverschlüsse.

Wartung und Pflege

Wer seine Skates sorgsam behandelt und pflegt, hat mehr Spaß am Rollen. Ein gepflegter Skate ist sicherer und lebt wesentlich länger.

Rollentausch

Die Rollen werden bei Benutzung einseitig abgefahren, auf der Innenkante mehr als auf der Außenkante. Die vorderste und die hinterste Rolle unterliegen höherem Abrieb als die Rollen in der Kufenmitte. Für langfristig gleichmäßige Abnutzung müssen sie deshalb ihren Platz mit den weniger deformierten Rollen tauschen, wenn bei mindestens einer Rolle eine deutliche Einseitigkeit zu sehen ist. Häufiges Wechseln und Drehen der Räder erhöht deren Lebensdauer. Wenn sie zu stark einseitig abgefahren sind, hilft alles nichts mehr – es müssen neue her. Einseitig abgefahrene Rollen wirken sich negativ auf das Fahrverhalten der Skates aus.

Mit dem passenden Werkzeug (Blade Tool) lassen sich die Rollen leicht von der Schiene lösen. Doch Vorsicht beim Öffnen: Hinter jeder Schraube können sich bis zu vier Spacer (Abstandshalter für die Lager) befinden.

An den Schienen haftet im allgemeinen grober Dreck. Dieser darf nur sehr behutsam entfernt werden. Niemals sollte dabei Schmutz in den Lagerspalt gedrückt werden.

Der Platzwechsel der Rollen erfolgt nach dem in der Grafik auf Seite 55 dargestellten Schema. Die Rollen beim Wechsel immer um 180° drehen, so daß sie wieder gleichmäßig abgefahren werden.

Viele Inline-Skater nutzen die Rollen eines Fußes mehr ab als die des anderen (meist ist es der rechte), weil Linkskurven leichter zu fahren sind oder linksseitig gebremst wird. Daher ist es sinnvoll, auch die Rollen vom linken auf den rechten Schuh zu wechseln und umgekehrt.

Ziemlich abgefahren...

Wartung und Pflege

Tausch der Rollen: Rolle 1 auf Platz 3, Rolle 2 auf Platz 4, Rolle 3 auf Platz 1, Rolle 4 auf Platz 2 des jeweils anderen Skates

Rollenwechsel

Irgendwann ist selbst die beste Rolle verschlissen. Spätestens dann müssen die Skates mit neuen Spulen besohlt werden. Ein größeres Arbeitspensum ist dafür zu erledigen, doch mit etwas handwerklichem Geschick ist auch dies kein Problem:

1. Rolle von der Schiene entfernen.
2. Mit dem Spezialwerkzeug die Kugellager von der gegenüberliegenden Seite aus der alten Rolle pressen.
3. Die Kugellager möglichst gerade in die neue Rolle drücken.
4. Einbau der Rolle in die Schiene.

Das Kugellager ist oft fest in die Rolle geklemmt und muß mit entsprechender Muskelkraft herausgedrückt werden. Es empfiehlt sich dringend, das passende Werkzeug zu verwenden. Es ist für wenig Geld im Sportfachhandel erhältlich. Schraubenzieher oder Zangen sind nicht geeignet.

Lagerreinigung

Je nach Qualität läßt sich ein Kugellager bis in alle seine Bestandteile zerlegen, was für die gewissenhafte Wartung unerläßlich ist. Bei vielen Billiglagern sind oftmals nicht einmal die Dichtringe abnehmbar. Dadurch wird die Reinigung und Wartung des Lagers unmöglich. Äußerliches Abwischen verklebter Kugellager drückt zudem den Schmutz in die Lager, wo er die Kugeln am Rollen hindert und Schaden anrichtet.

Ausrüstung

Lagerreinigung: Lager von der gegenüberliegenden Seite aus der Felge drücken.

Dichtungen und Käfig entfernen, alle Kugeln nach unten schieben, Innenring nach oben abziehen.

Kugeln in der Handfläche reinigen.

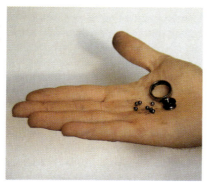

Speed-Skater, deren Kugeln in Öl laufen, müssen je nach Viskosität des Schmiermittels und Betriebsdauer die Lager nachölen und reinigen. Bei sehr dünnflüssigen und hochwertigen Ölen kann dies schon nach einer zweistündigen Fahrt nötig sein. Das Reinigen der Lager gleicht einer kleinen Operation – es ist eine sehr diffizile Arbeit und bei immerhin 16 oder 20 Kugellagern zeitaufwendiger, als man denkt. Wer nur die Dichtringe abnimmt und die offenen Lager im Reinigungsbad vom alten Schmiermittel befreit, ist deutlich schneller.

Jeder Skater muß selbst entscheiden, wieviel Zeit und Mühe er in die Pflege seiner Lager investiert oder ob er lieber neue kauft. Bei allen Arbeiten am offenen Lager muß der Arbeitsplatz tadellos sauber sein. Günstig ist zudem eine weiche, helle Unterlage. Herunterfallende Kugeln sind darauf leichter zu finden.

Folgende Schritte sind beim Öffnen der Lager zu beachten:

1. Die innere seitliche Abdeckkappe mit einem sehr feinen, geeigneten Werkzeug entfernen, dabei jedoch nicht beschädigen.
2. Den Käfig entfernen. Läßt er sich nicht entfernen, so muß das Kugellager auch von der anderen Seite her geöffnet werden.
3. Nur bei extrem starker Verschmutzung die sieben Kugeln aus der Lauffläche nehmen. Dazu alle Kugeln zusammen auf eine Seite rollen und den inneren Ring zur anderen Seite herausdrücken.

Wartung und Pflege

Die 10 Wartungs- und Pflegegebote für Inline-Skates

Skates sorgsam behandeln.
Inline-Skates sind Sportgeräte. Nur wer sie pflegt, wird auf Dauer Spaß haben und sportliche Leistungen vollbringen können.

Nie bei Regen oder auf nassem Untergrund fahren.
Die Nässe spült Schmutz in die Lager. Die Kugellager sind nicht abgedichtet. Ein Spalt bleibt am Rand des Dichtungsrings immer offen, durch den Wasser und Schmutz in die Lager eindringt. Quietschende Inline-Skates sind die Folge.

Nässe, Sand, Öl und Laub meiden.
Hier besteht Verschmutzungsgefahr für die Lager sowie erhöhte Rutschgefahr.

Abgefahrene Stopper frühzeitig erneuern.
Die geringe Investition für den Gummipuffer lohnt sich, denn sie kann Leben retten.

Frühzeitig die Rollen wechseln.
Die Lebensdauer der Rollen wird durch Platztausch und Wenden deutlich erhöht.

Lager nicht abputzen.
Der äußerliche Schmutz wird dadurch in das Lager gedrückt.

Nach Gebrauch die Schnallen schließen.
So bleibt die Paßform erhalten.

Schmutzige Skates nur mit feuchtem Lappen abwischen.
Zur Reinigung der Skates die Schuhe nicht ins Wasser tauchen.

Gib Fußpilz keine Chance.
Während der Sommermonate dicke und warme Schuhe anzuziehen ist unphysiologisch. Sportsocken können Fußschweiß zwar nicht verhindern, sorgen aber für ein gesünderes Klima am Fuß. Innenschuhe nach dem Skaten zum Trocknen herausnehmen.

Schutzausrüstung hin und wieder in Seifenwasser waschen.
Das empfiehlt sich aus Hygienegründen.

Ausrüstung

4. Das Lager mit einem Reinigungsmittel säubern. Eventuell die einzelnen Lagerbestandteile oder das komplette geöffnete Lager in ein Reinigungsbad legen. Lose Kugeln lassen sich am besten mit etwas Öl zwischen den flachen Händen polieren.

5. Alle Lagerbestandteile an der Luft trocknen lassen.

6. Sofern die Kugeln aus den Laufflächen entfernt wurden, muß das Kugellager in umgekehrter Reihenfolge wieder zusammengesetzt werden. Die Laufflächen können dabei etwas eingefettet werden, so daß die Kugeln ein wenig haften und der Einbau des inneren Rings leichter gelingt. Mit Öl läßt sich das Fett anschließend wieder leicht herausspülen.

7. Für die Schmierung nur wenig Öl oder Fett auf Lauffläche und Kugeln geben.

8. Käfig und Abdeckkappe wieder aufsetzen.

Gesundheit und Risiko

Gesundheit und Risiko

Untersuchungen haben ergeben: Nur jeder fünfte Skater trägt komplette Schutzausrüstung, jeder zweite schützt nur seine Hände, zwei von drei Skatern tragen Knieschoner, und jeder sechste lehnt Protektoren ganz ab. Über die Hälfte der aktiven Skater mußte bereits schmerzliche Erfahrungen machen. Hautabschürfungen, Prellungen und Verstauchungen führen die Verletzungsstatistiken an. Besonders gefährdet sind Hände, Knie und Ellenbogen. Der größte Teil der Verletzungen hätte sich mit entsprechender Schutzausrüstung vermeiden lassen.

Es steht fest: Fehlende oder mangelhafte Schutzausrüstung erhöht das Verletzungsrisiko deutlich. Darüber hinaus reduzieren gute Umgangsformen im Straßenverkehr das Verletzungsrisiko der Skater.
Unkontrollierte, überhöhte Geschwindigkeit und Selbstüberschätzung haben häufig durchaus vermeidbare Verletzungen zur Folge.

Inline-Skating – Fitneßtraining für die ganze Familie

Gesundheit und Risiko

Smart Skating

Für sicheren und verletzungsfreien Skate-Spaß gibt es eine Vielzahl von Regeln, Tips und Ratschlägen. »Smart Skating« ist hierfür ein Reglement: Es gibt Anleitung im Umgang mit dem Doppelvierer unter den Füßen – zur eigenen Sicherheit und zur Sicherheit derer, die sich im Umfeld bewegen. Vernunft und richtige Risikoeinschätzung haben immer Vorfahrt.

Schutz vor Verletzungen

Die Schutzausrüstung verhindert Verletzungen. Tragen Sie beim Skaten immer die komplette Schutzausrüstung. Dazu gehören Knie-, Hand-, Ellenbogenschützer und ein Helm. Für Spezialdisziplinen wie Hockey oder Stunt sind unbedingt Spezialprotektoren erforderlich, da die Belastungen extrem groß sind. Nur getragene Schutzausrüstung kann Verletzungen verhindern. Knieschützer, die zu Hause liegen, verhindern keine Abschürfungen. Bei Stürzen werden die Handgelenke am häufigsten in Mitleidenschaft gezogen; es folgen Knie-, Ellenbogen und Kopfverletzungen. Halten Sie Ihre Ausrüstung in Ordnung. Sowohl die Skates als auch die Schützer müssen voll funktionsfähig sein. Abgefahrene Rollen verlieren an Bodenhaftung und erschweren die Manövrierfähigkeit eines Skates. Insbesondere sollten die Bremsstopper rechtzeitig erneuert werden. Die Bremstechniken müssen unbedingt erlernt und beherrscht werden.

Vorsichtig skaten

Wählen Sie Gelände und Geschwindigkeit Ihrem Können entsprechend, und skaten Sie vorausschauend. Wer Gefahren früh erkennt oder weiß, wo sie lauern, ist mit allen Reaktionen eine Nasenlänge voraus. Grundvoraussetzung ist die konstante Aufmerksamkeit. In unbekannten Gebieten ist es ratsam, immer ein Auge auf die Fahrbahnunterlage zu werfen. Das andere Auge beobachtet Gelände, Verkehr und das eigenen Tempo. Meiden Sie Öl, Wasser und sandigen Untergrund.

Die Regeln akzeptieren

Nach § 31 der Straßenverkehrsordnung sind Inline-Skates keine Fahrzeuge und dürfen deshalb im öffentli-

Partnerschaftliches Skaten läßt Probleme erst gar nicht entstehen.

Smart Skating

chen Straßenverkehr grundsätzlich nicht auf der Fahrbahn, dem Seitenstreifen oder dem Radweg benutzt werden. Für Skater gelten dieselben Rechte und Pflichten wie für Fußgänger. Sie brauchen deshalb auch kein Licht. Wie Fußgänger müssen sie auf Landstraßen, sofern kein Gehsteig vorhanden ist, den äußeren Rand der linken Fahrbahn benützen. Trotzdem muß wegen der hohen Geschwindigkeit und der schlechten Sicht davon abgeraten werden, nachts zu skaten.

Geskatet werden darf auf dem Gehweg, auf dafür vorgesehenen Skate-Plätzen, in Spielstraßen oder in speziellen Skate-Hallen. Auf öffentlichen Parkplätzen, z. B. von Bahn oder S-Bahn, haben Skater nichts verloren. Auf den meisten privaten Parkplätzen größerer Einkaufszentren und Lebensmittelketten gilt die Straßenverkehrsordnung. Somit sind auch diese tabu. Wenn man sich unauffällig verhält und nichts beschädigt, wird nach Ladenschluß niemand etwas dagegen haben, wenn man diese Flächen nutzt. Das Einwachsen von Stufen zum Grinden oder das Grinden auf Geländern kann aber nicht akzeptiert werden.

An vielen Parkplätzen sind bereits Skate-Verbotsschilder angebracht. Diese sind natürlich zu beachten. Gespräche mit den Verantwortlichen haben allerdings ergeben, daß mei-

In Fußgängerzonen ist das Skaten erlaubt, Rücksicht auf Fußgänger sollte aber selbstverständlich sein.

Gesundheit und Risiko

Inline-Skating ist erlaubt:

in Fußgängerbereichen

auf dem Gehweg

in verkehrsberuhigten Zonen

auf speziell für Skater vorgesehenen Plätzen

Skater gelten als Fußgänger – es ist ihnen verboten, die Fahrbahn oder Radwege zu benutzen!

MERKE: Wenn sich alle an diese Regeln halten, besteht kein Grund, die Aktivitäten der Skater in der Öffentlichkeit einzuschränken.

stens die Skater nicht vertrieben werden sollen, sondern daß sich der Parkplatzinhaber gegen Haftungsansprüche bei Unfällen absichern will. Mit der inoffiziellen Zustimmung des Verantwortlichen wird aber wahrscheinlich niemand gegen die Skater einschreiten, selbstverständlich nur, wenn nichts beschädigt und niemand belästigt wird.

Andere Verkehrsteilnehmer respektieren

Die Benutzung der Flächen, die Fußgängern vorbehalten sind, birgt Risiken. Der Inline-Skater ist wesentlich schneller als sein gleichberechtigter »Mitläufer« auf dem Gehweg. Zudem ist der herannahende Skater auf seinen leisen Rollen kaum zu hören. Diese Kombination führt leicht zu riskanten Situationen und fast immer zu aggressivem Zündstoff. Fußgänger, die den Inline-Skater nicht rechtzeitig sehen, weil sie z. B. in gleicher Richtung unterwegs sind, erschrecken, sobald dieser knapp an ihnen vorbeizieht.

Auf eine schnelle Richtungsänderung des Fußgängers, der sich der Gefahr nicht bewußt ist, kann auch ein Skater nicht gefaßt sein. Daher ist für die Teilnahme am Verkehr Kommunikation Voraussetzung: Am besten macht sich der Skater frühzeitig bemerkbar. Ein freundliches »Vorsicht« oder »Entschuldigung« sorgt hierbei für partnerschaftliche Stimmung und mehr Sicherheit.

Noch gefährlicher ist die Bedrohung des Skaters durch die motorisierten Verkehrsteilnehmer. Noch ist Inline-Skating so jung, daß kein Kraftfahrer mit Skatern rechnet. Ein Autofahrer biegt nach wie vor mit gleicher Sorgfalt um die Ecken wie früher und fährt mit gleicher Geschwindigkeit aus einer Ausfahrt. Er rechnet mit anderen Fahrzeugen auf der Straße und mit Fußgängern auf dem Fußweg, aber niemals mit einem Inline-Skater, der mit hoher Geschwindigkeit auf dem Gehweg daherrollt, meist nur mäßig bremsen kann und seitlich Platz für eventuelle Ausweichmanöver braucht. Hier gibt es nur einen Rat: Vorausschauendes Skaten ist die beste Gesundheits- und Lebensversicherung.

Smart Skating

Vor Verletzungen schützen:

- Immer komplette Schutzausrüstung tragen.
- Bremstechniken lernen.
- Ausrüstung in Ordnung halten.

Vorsichtig skaten:

- Gelände und Geschwindigkeit dem Können entsprechend wählen.
- Öl, Wasser und sandigen Untergrund meiden.
- Vorausschauend skaten.

Die Regeln akzeptieren:

- Immer an die Verkehrsregeln halten – für Skater gelten die selben Regeln wie für Fußgänger.
- Auf Schilder für Skater achten.

Die anderen respektieren:

- Immer genügend Abstand zu Fußgängern halten.
- Fußgänger haben stets Vorrang.
- Freundlichkeit statt Aggressivität!

Skaten in der Sporthalle

Inline-Skates halten zunehmend Einzug in Sporthallen. Verständlich, denn dort trifft man auf ideale Skate-Bedingungen. Der Hallenboden ist sehr glatt und bietet erstaunlich wenig Rollwiderstand. Außerdem ist eine Sporthalle regensicher und somit ein verläßliches Terrain für den nässeempfindlichen Sport.

Einige allgemeine Hinweise zur Unfallverhütung und Organisation beim Inline-Skaten in einer Sporthalle mit Gruppen sollen Übungsleitern, Inline-Skate-Instruktoren und Lehrern die Durchführung erleichtern.

Allgemeine organisatorische Aufgaben

- Inline-Skates auf Funktionstüchtigkeit überprüfen.
- Unnötige Geräte, Matten, Bänke aus dem Raum entfernen.
- Der Standort des Lehrers sollte ständige Übersicht über alle Schüler gewährleisten.

An- und Ablegen der Inline-Skates

- Alle Aufgaben genau zuteilen.
- Übungsverbot während des Umkleidens!

Überprüfen

- Farbe des Abriebs von Rollen und Stoppern auf dem Hallenboden kontrollieren. Sollten die Rollen ab-

Gesundheit und Risiko

färben (sehr selten), muß Übungsverbot erteilt werden. Färbende Bremsstopper entfernen lassen oder durch Non-marking-Stopper ersetzen.

- Es gibt keinen abriebfesten Kunststoff, d. h., es verbleiben am Boden immer Rückstände, sobald mit Inline-Skates darauf gefahren wird. Diese sind meist farblos und beschädigen den Hallenboden nicht. Selten entsteht farbiger Abrieb, der zum Teil bei Stürzen von den Kunststoffschalen verursacht wird. Mit einem Non-marking-Stopper läßt sich dieser Abrieb ohne weiteres wieder wegradieren.
- Rutschgefahr, z. B. durch Nässe am Boden (Schweiß), vermeiden.
- Sitz und Funktionalität der Schutzbekleidung überprüfen.
- Brillen, Schmuck, Uhren entfernen lassen.
- Kleidung und Haare evtl. mit Haarband, Klammern oder Spangen befestigen.
- Übermäßigen Schmutz an den Inline-Skates (zwischen den Rollen, über der Schiene) entfernen lassen.

Gefahren durch Geräte und Material

- Flache Hindernisse (Seil, Zauberschnur, Matten, Reuther-Bretter) stellen für Inline-Skates Stolperhindernisse dar.
- Ritzen, z. B. zwischen Niedersprungmatten, vermeiden.

- Schwellen an Türen und Toren durch Schließen vermeiden.
- Abdeckungen für versenkbare Reck- und Barrenstützen verschließen und mit Tape sichern.

Fehlbelastung und Überlastung der Wirbelsäule

Plötzliche Gefahreneinwirkung verursacht oftmals Unfälle. Darüber hinaus ist der Skater Dauerbelastungen ausgesetzt, die zu erheblichen Beeinträchtigungen führen können. Besondere Bedeutung hat hier die Wirbelsäule. Der positiven Trainingswirkung beim Skaten steht die Überforderung durch erhöhte Beanspruchung oder Fehlbelastung gegenüber.

Widrige Wirbel

Blauer Himmel und Zeit für eine schöne Skate-Runde im Grünen. Doch die Rückenschmerzen! Viele Menschen sind davon betroffen: Für 20% aller Krankschreibungen und 50% aller Frührenten in Deutschland ist das Rückgrat verantwortlich. »Degenerative Wirbelsäulenerkrankungen«, so lautet die Diagnose. Bewegungsmangel ist eine Ursache, aber nicht die einzige: Aufgrund von Überlastungen sind immer häufiger Leistungssportler betroffen, und Inline-Skater bilden da keine Ausnahmen.

Die Wirbelsäule ist in Skate-Haltung stets Druck-, Stauchungs- und Bie-

Fehlbelastung und Überlastung der Wirbelsäule

Höchstbelastungen für die Wirbelsäule entstehen bei ausgeprägtem Rundrücken.

gespannungen ausgesetzt. Vor allem die aerodynamische Form, wie sie Inline-Skater auf der Marathon-Langstrecke einnehmen, führt zu Problemen. Die ständige unphysiologische Stellung mit Rundrücken (Totalkyphose) bewirkt einen erhöhten Druck im vorderen Bereich der Wirbelkörper. Jugendliche, die sich in dieser Haltung zusätzlich hohen Stoßbelastungen aussetzen, wie sie bei Sprüngen über eine Schanze oder in der Halfpipe auftreten, sind besonders gefährdet. Bei ihnen kommt es im Extremfall zu bleibenden Deformierungen der Zwischenwirbelscheiben durch Einrisse sowie zu einer Höhenreduzierung der Wirbelkörper im vorderen Bereich. Dies führt unter Umständen zu einem bleibend fixierten Rundrücken.

In der Halfpipe kommt es zur Extrembelastung der Wirbelsäule.

Gesundheit und Risiko

DEHNUNGSPROGRAMM

1. Wadenmuskel
Hinteres Bein ist im Kniegelenk gestreckt, die Ferse berührt den Boden.

2. Hüftstrecker
Vorderes Bein auf eine Bank stellen, Knie muß nicht gestreckt sein. Oberkörper mit aufrechter Wirbelsäule nach vorn neigen.

3. Hüftbeuger und Kniestrecker
Beide Knie berühren sich – kein Hohlkreuz, Leiste bleibt gestreckt.

4. Großer Brustmuskel
Arm gestreckt, Handfläche an der Wand. Schulterachse von der Wand wegdrehen.

5. Kapuzenmuskel
Kopf nach links neigen und mit linker Hand fixieren; rechter Arm zieht in Richtung Boden. Nicht am Kopf zerren.

Bei Erwachsenen läßt eine sehr geduckte Haltung den gallertartigen Innenkern der Bandscheiben nach hinten wandern. Dadurch kann der äußere, stabilisierende Faserring zerreißen. Typischer Befund: Bandscheibenvorfall – die Bandscheibe drückt auf die Nervenwurzeln und verursacht Schmerzen.

In der Regel ist es die Muskelkraft des Rückens, die nicht ausreicht, die Wirbelsäule in ökonomischer Haltung zu stabilisieren. Besonders bei lang anhaltender Belastung werden die Gelenke und Bandscheiben extrem strapaziert. Erhöhte Gefahr besteht insbesondere bei ambitionierten Einsteigern. Anfänglich beklagt sich der Inline-Skater öfter über Schmerzen, deren Ursache die starken Spannungen der Band- und Muskelstrukturen sind. Die Hals- und Beckenregion neigt zu Verspannungen. Zu größeren Defiziten kommt es, wenn Wirbelgelenke blockieren oder Bandscheibenverschiebungen auftreten. Im unteren Lendenwirbelbereich kann es sogar zu Ermüdungsbrüchen mit nachfolgendem Wirbelgleiten kommen. Diese Probleme müssen nicht auftreten. Wer präventiv an die Sache herangeht, kann unliebsame Folgen verhindern. Hierbei geht es um Ausgleichstraining, Muskelaufbau und Dehnung.

Tips, um Rückenschmerzen und Folgeschäden zu vermeiden:
- Bei ernsthaften Wirbelsäulenproblemen ist ein Arztbesuch unerläßlich.

Inline-Skating und Gesundheit

- Bewegung hilft: Bei Schmerzen im Rückgrat das Training nicht auf Null zurückfahren. Inline-Skating ist durchaus sinnvoll.
- Skaten Sie aufrecht, und halten Sie den Rücken dabei möglichst gerade.
- Weichere Rollen dämpfen Bodenunebenheiten besser ab.
- Meiden Sie alle Sprünge.
- Passen Sie Ihre Kleidung dem Wetter an.
- Kräftigung: Bauch- und Rückentraining ist eine der effektivsten Methoden im Kampf gegen Rückenschmerzen.
- Dehnung: Einige Muskelgruppen neigen zur Verkürzung und sollten daher nach dem Sport ausgiebig gedehnt werden (Hüftbeuger, Adduktoren, hinterer Oberschenkelmuskel, gerader Oberschenkelmuskel, Brustmuskel und Kapuzenmuskel).
- Entspannung: Sinnvoll ist ein wärmendes und entspannendes Vollbad.

Inline-Skating und Gesundheit

Das allgemeine Körperbewußtsein hat in den letzten Jahren stetig zugenommen. Wunschvorstellung aller Fitneßfanatiker ist erhöhtes Wohlbefinden. Kräftigende und ausdauernde Belastungen des gesamten Organismus führen zu nachhaltiger Steigerung der Leistungsfähigkeit, Straffung der Muskulatur und Reduktion des Körperfettes. Gerade Inline-Skating bietet hierfür eine sehr gute Mischung von kräftigender und ausdauernder Übungsintensität, so daß diese Sportart zu Konditionsverbesserungen führt, die etwa denen des Joggings entsprechen.

Eine sportmedizinische und biomechanische Untersuchung von JÖRG

Inline-Skaten bringt nicht nur Spaß, sondern leistet auch einen Beitrag zur Gesunderhaltung.

Gesundheit und Risiko

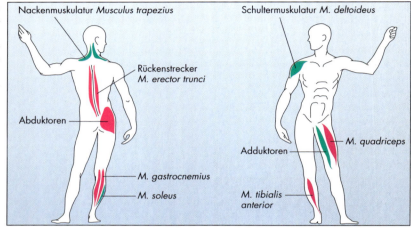

Die beim Inline-Skating hauptsächlich beanspruchten Muskelgruppen

HEIDJANN an der Medizinischen Fakultät der Universität Münster hat u. a. ergeben, daß beim Inline-Skating die Gelenke geschont und nur unwesentlich mehr belastet werden als beim Gehen. Im Vergleich zum Jogging werden sie beim Inline-Skating sehr viel weniger beansprucht.
Darüber hinaus kann die komplexe motorisch-konditionelle Entwicklung beim Inline-Skating die Basis oder eine notwendige Ergänzung anderer Sportarten sein. Ruderer oder Schwimmer etwa müssen zusätzlich zu ihren sportartspezifischen Trainingseinheiten ein ausdauerndes Training absolvieren, um die optimalen Belastungsintensitäten möglichst lange aufrechterhalten zu können. Selbst Sprinter ergänzen ihr Training mit Ausdauereinheiten, um den Abbau der Stoffwechselprodukte nach Trainings- und Wettkampfbelastungen zu beschleunigen.

Die Fitneß-Regeln

Trainiert werden beim Inline-Skating die großen, energieverbrauchenden Muskelgruppen – beste Ausgangsbasis für die Straffung der Oberschenkel- und Gesäßmuskulatur und vor allem für Anpassungserscheinungen des Herz-Kreislauf-Systems. Sofern die sportliche Belastung im (Ausdauer-)Bereich der aeroben Stoffwechsellagen durchgeführt wird, erzielt Inline-Skating nachhaltige präventive Resultate.
Dennoch müssen die Belastungen während des Jahres variieren. Nur so ist eine optimale Leistungssteigerung möglich. Ständiges Training am Rande der Erschöpfung ist kontraproduktiv und führt ebenso wie chronische Unterbelastung zur Leistungsstagnation oder zum -rückgang.
Streng betrachtet ist gutes Training eine besondere Art von Zeitmanage-

Inline-Skating und Gesundheit

Mit Inline-Skating läßt sich die Kondition verbessern.

Gesundheit und Risiko

ment. Wer seinen Körper zum richtigen Zeitpunkt fordert und alle Regenerationsintervalle konsequent einhält, wird bei gleichem Trainingspensum bessere Ergebnisse erzielen als ein Sportler, der unsystematisch vorgeht.

Ein systematisches Training ist so angelegt, daß es eine Eigenart des Körpers berücksichtigt: die Superkompensation. Dabei spielt das zeitliche Verhältnis aus Training und Trainingspause eine zentrale Rolle. Die anschließende Ruhephase nach einem Trainingsreiz bewirkt im Körper einen Impuls zum Neuaufbau von Energiereserven – und zwar über den alten Stand hinaus. Je intensiver und umfangreicher die Belastung zuvor war, desto länger muß die folgende Ruhephase sein, nach dem Prinzip: Das Training schwächt den Körper – die Regeneration stärkt den Körper.

Präventivsport Inline-Skating

Die Wirkungen des Ausdauertrainings auf das Herz-Kreislauf-System, den Fettstoffwechel, das vegetative Nervensystem und das Immunsystem sind erforscht. Darüber hinaus ist der Zusammenhang von Prävention und Krafttraining zur Vermeidung von Haltungsschwächen und Haltungsschäden eindeutig nachgewiesen. Inline-Skating ist eine Kraftausdauersportart und reiht sich deshalb ganz vorn in die Liste der gesundheitsorientierten Sportarten ein. Ziel ist dabei nicht die sportliche Höchstleistung, sondern das funktionelle Optimum des Organismus. Trainiert wird zur Verbesserung der aeroben Ausdauer, der Kraft im gesamten Halteapparat, der Koordination und der Beweglichkeit. Inline-Skating trainiert Kraft und Ausdauer und schult das Gleichgewicht sowie die Koordination durch

---

Regelkatalog für optimale Fitneß:

- Wer Inline-Skates als Trainings- oder Fitneßgerät benutzt, muß unbedingt alle Fahr- und Bremstechniken gut beherrschen.
- Lange Distanzen so planen, daß öffentliche Straßen gemieden werden.
- Der Spaß hängt oft vom Streckenprofil ab. Zu steile Anstiege sind sehr mühsam und zu rasante Abfahrten gefährlich.
- Wer zunächst mit Gegenwind von zu Hause wegfährt, kann später mit Rückenwind zurück-

gleiten. Man kommt zeitlich nicht so leicht in Bedrängnis und kann das Training bewußter steuern.
- Trainiert wird so intensiv, daß eine Unterhaltung mit Trainingspartnern gerade noch möglich ist. Dies garantiert eine aerobe Belastung bei ausreichender Trainingsintensität.
- Niemals am Rande der Erschöpfung trainieren.
- Häufiges Training ist besser als seltenes und umfangreiches Training.

Inline-Skating und Gesundheit

Flotte Fahrt für
Fitneß-Freaks

71

Gesundheit und Risiko

die sich ständig ändernde Stabilität auf den Rollen. Einziges Manko: die Beweglichkeit. Skaten hat zwar einen durchaus mobilisierenden Charakter, dennoch sollten zur Steigerung der Flexibilität einige Dehnungsübungen an jedes Training angehängt werden. Gute Erfolge erzielt man schon mit einem Minimalaufwand von zwei bis drei Stunden Praxis pro Woche und langfristiger Durchführung des Trainings.

Positive Auswirkungen des Ausdauertrainings:

- Ökonomisierung der Herzarbeit
- Erhöhung der Schlagvolumenreserve
- verbesserte periphere Durchblutung
- Erhöhung der intrazellulären metabolischen Kapazität
- verbesserte Sauerstoffausnutzung der Zellen
- Vermehrung der Sauerstofftransportkapazität des Blutes
- Erhöhung der maximalen Sauerstoffaufnahme
- vermehrte Leber- und Hirndurchblutung
- Abnahme des Cholesterinwertes
- Vergrößerung der Nebennierenrinde
- Steigerung der Hormonfunktion

Leistungsbereich

Wer sich sportlich engagiert und sich für einen Wettkampf vorbereitet, sollte tiefer in die Theorie des Trainings einsteigen. Ambitionierte Leistungs-Skater dosieren die Belastungen nach der Pulsfrequenz. Die entscheidende Größe, an der sich die Trainingssteuerung und -planung ausrichtet, ist die anaerobe Schwelle (ANS). Sie ist die Pulsfrequenz, bei der sich die leistungsmindernde Laktatbildung und der Laktatabbau in der Muskulatur gerade noch die Waage halten. Ausdauerleistungen sind auf diesem Belastungsniveau längere Zeit möglich, stoßen aber an den Grenzbereich. Diese Schwellenfrequenz, die ANS, die bei jedem Sportler je nach Trainingszustand unterschiedlich ist, ist für die Trainingswissenschafler der Maßstab, nach der sie die unterschiedlichen Belastungsintensitäten berechnen.

Die exakteste Bestimmung der ANS bietet der Labortest, wobei die meisten Untersuchungen auf dem Fahrrad-Ergometer durchgeführt werden. Nachteil ist hierbei, daß die ANS auf einem Fahrrad-Ergometer nicht der ANS auf Inline-Skates entspricht. Der exakte Wert wird etwa 5–10 Schläge/Min. höher liegen.

Wer mit einem hochwertigem Pulsmeßgerät ausgestattet ist, kann auch noch einen anderen Weg wählen: Er legt die Distanz von 10 km in höchstmöglicher Geschwindigkeit zurück. Der Mittelwert der Pulsfrequenzen dividiert durch 1,02 ergibt die ANS. Für diese Methode steht jedoch noch eine wissenschaftliche Verifikation aus.

Fahrtechnik

Fahrtechnik

Erfolg im Inline-Skating entsteht aus der Verbindung von Fitneß und Fahrtechnik. Fit halten müssen Sie sich selbst – wie Sie Ihre Technik verbessern, lesen Sie in diesem Kapitel. Schrittweise werden alle Technikformen mit steigendem Schwierigkeitsgrad beschrieben.
Der Leitfaden für Einsteiger, Fortgeschrittene, Eltern und Lehrer basiert auf Unterrichtserfahrungen und enthält erprobte Übungen. Die Darstellungen sind knapp und übersichtlich, so daß sie genauso als schnelles Nachschlagewerk benützt werden können.

Die »Skate-Tools«

Fortschreitendes Können ermöglicht einen Ausbau des Bewegungs- und Erfahrungsschatzes. Die einfachsten Bewegungen sind Horizontalbewegungen (z.B. Gehen und Gleiten). Darauf aufbauend folgen Rotationen um Körper- und Körperteilachsen, die etwa einfache Kurvenfahrten ermöglichen. Die schwierigsten Bewegungen verlaufen vertikal und geben Dynamik für Geschwindigkeit und Sprünge. Sie können immer nur in Verbindung mit den beiden anderen Grundbewegungen ausgeführt werden.
Nach dem Prinzip »vom Einfachen zum Schweren« sollte Lehren und Lernen im Anfängerbereich in der Reihenfolge Horizontal- vor Rotations-

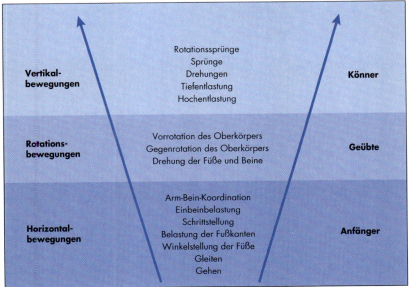

Die Skate-Tools für Anfänger, Geübte und Könner

Fahrtechnik

Schrittstellung (S)

Winkelstellung der Füße (W)

Links: Belasten der Fußkanten mit Drehung der Füße (D)

Rechts: Fahren auf einem Bein (E)

vor Vertikalbewegungen durchgeführt werden.
Eine gute Fahrtechnik zu erlernen
- verleiht Sicherheit,
- hilft, Stürze zu vermeiden,
- ist effektiv und spart Kräfte,
- verhindert Fehlbelastungen,
- garantiert einen optimalen Lernprozeß,
- bringt mehr Spaß auf Inline-Skates.

Grundfähigkeiten

Aus biomechanischer Sicht läßt sich Inline-Skating auf einfache Skate-Fertigkeiten reduzieren. Diese multifunktionellen Positionen sind: Schrittstellung – Winkelstellung der Füße – Belastung der Fußkanten mit Drehung der Füße – Belastung eines einzelnen Beines mit nachfolgendem Aufsetzen des unbelasteten Skates auf der richtigen Rolle – Rotation des Oberkörpers

Grundfähigkeiten

in die gewünschte Bewegungsrichtung.

Sie sind die wichtigsten und unverzichtbaren Grundfertigkeiten. Sie sind Ausgangsstellungen zu Beginn einer Übung, sie sind Haltungen während der Fahrt, sie sind Teile aller Manöver, und sie geben Stabilität. Wer diese Haltungen gut beherrscht, wird selten ins Strauchlen geraten.

Schrittstellung einnehmen (S):
Die Schrittstellung erhöht die Standsicherheit in Fahrtrichtung, da die Aufstandsfläche verlängert und der Körperschwerpunkt gesenkt wird.

Winkelstellung der Füße (W):
Eine aus der Fahrtrichtung abweichende Fußhaltung ermöglicht Beschleunigung. Dabei kann die Winkelstellung der Füße zueinander sehr verschieden sein. Stehen die Füße in ca. 90° zueinander, spricht man von V-Stellung.
Die Winkelstellungen sind immer dann verlangt, wenn vortriebswirksame oder bremsende Kräfte wirken sollen.

Belastung der Fußkanten mit Drehung der Füße (D):
Die Belastung der Fußkanten gibt seitlichen Halt bei Kurvenfahrten. Werden die Fußkanten bewußt eingesetzt, können sie die Winkelstellung der Füße unterstützen und ebenfalls beschleunigend wirken. Erst die Drehung der Füße ermöglicht die tatsächliche Kurvenfahrt.

Fahren auf einem Bein (E):
Voraussetzung vieler Manöver ist die freie Bewegung eines Beins. Dies bedeutet, daß das andere Bein das komplette Gewicht tragen muß. Längeres Fahren und Stehen sowie Kurskorrekturen sollten zu diesem Zweck auf einem Bein erlernt werden. Besonderes Augenmerk gilt dem Aufsetzen des unbelasteten Skates. Drei

Vorrotation des Oberkörpers (R)

Fahrtechnik

Möglichkeiten sind zu unterscheiden: Planes Aufsetzen des Skates gibt sofort stabilen Bodenkontakt. Wird der Skate zuerst mit der in Fahrtrichtung hintersten Rolle aufgesetzt, kommt der Skate automatisch auf den richtigen Kurs.
Wird der Skate hingegen zuerst mit der in Fahrtrichtung vordersten Rolle aufgesetzt, wird die Aktion schnell zur Schlingerfahrt.

Rotation des Oberkörpers in die gewünschte Bewegungsrichtung (R):
Alle Drehbewegungen benötigen einen auslösenden Impuls. Dieser Impuls geht oft vom Oberkörper aus. Genau betrachtet kann man sogar sagen, daß der Kopf die Bewegungen steuert und der Oberkörper der Kopfbewegung folgt.

Gewöhnen ans Gerät

Damit man sich anfangs langsam an das rollende Gefühl gewöhnen kann, empfiehlt es sich, nicht gleich auf Asphalt zu starten. Skates rollen auf weichem Untergrund weniger gut. Dort ist die Gefahr, auf den acht kleinen Rollen das Gleichgewicht zu verlieren, wesentlich geringer. Sollte dennoch mal ein Ausrutscher passieren, fällt man sanfter. Am besten eignet sich Rasen, ein ausgelegter großer Teppich, Matten oder Tartanbelag. Eine weitere Einsteigervariante bieten Gehhilfen. Dies sind Aufsätze für die Rollen, die deren Rotation blockieren. In keinem Fall darf auf Sand, Kies, Erde oder auf nassem Untergrund geskatet werden; das schadet den Kugellagern.

Aufstehen: Im Kniestand einen Fuß aufstellen, beide Hände auf das aufgestellte Knie abstützen und aufstehen.

Gewöhnen ans Gerät

Aufstehen

Bewegungsablauf:
Hinknien und einen Skate auf die Rollen stellen. Der Winkel zwischen Oberschenkel und Unterschenkel sollte 90° betragen. Mit beiden Händen auf das vordere Knie stützen und dann nach oben drücken.

Tip:
Partnerhilfe ist zwar gut gemeint, vermindert allerdings das eigene stabile Gleichgewicht. Also: Anfänger allein aufstehen lassen. Bei großen Schwierigkeiten kann man sich an Gegenständen (Geländer, Bank o. ä.) festhalten.

Gleichgewicht

Sobald der Stand erreicht ist, sollten Einsteiger mit Gleichgewichtsübungen beginnen. Sie dienen der Gewöhnung an das Sportgerät und sind gute Aufwärmübungen auch für Fortgeschrittene. Das Herz-Kreislauf-System wird aktiviert, und beim Skaten beanspruchte Gelenke werden aufgewärmt und gedehnt.

Übungen:
- Umhergehen
- einbeiniges Stehen jeweils im Wechsel
- Tiefgehen, Hochgehen im Wechsel
- Schrittstellung
- Stehen auf den Innenkanten
- Stehen auf den Außenkanten

- Stehen auf jeweils einer Innen- und einer Außenkante
- Langlaufschritte auf der Stelle
- einbeiniges Anfersen und Anhocken
- Berühren der Skates mit den Händen
- Hüpfen auf der Stelle
- Hampelmann

Das Aufstehen und vor allem das Halten des Gleichgewichts auf einem Bein sollte intensiv geübt werden.

Aufwärm- und Dehnübungen sollten vor einer Skate-Tour nicht fehlen.

Fahrtechnik

X-Bein-Stellung

O-Bein-Stellung

Sicherer Stand in der T-Stellung

Sicherer Stand

Von der Wiese auf Asphalt: Je nach Geschick und Können sollten die Basisübungen zur Gleichgewichtsschulung und zum Kanten nochmals auf Asphalt wiederholt und automatisiert werden.
Standfestigkeit auf Skates ist unentbehrlich: in der Warteschlange, auf der Halfpipe oder an der Ampel – Situationen, in denen die gelagerten Absätze ein schwammiges Gefühl vermitteln. Hier verhindert eine T-Stellung das Rollen der Skates.

Tip:
Die Hände vor dem Körper halten, um bei einem Sturz nach vorn vorbereitet zu sein, oder an einem Geländer festhalten.

Bewegungsablauf:
Um auf glattem Untergrund bombensicher zu stehen, die Füße in T-Stellung ausrichten. Linker und rechter Skate bilden dabei ein T und berühren sich unter leichtem Druck. Beugung in den Knie- und Fußgelenken senkt den Körperschwerpunkt und bringt zusätzliche Stabilität.

Stürzen

Die Schutzausrüstung verringert zwar das Risiko, sich bei einem Sturz zu verletzen, eine Garantie gegen Schrammen kann aber die beste Ausrüstung nicht bieten. Das richtige Stür-

Die ersten Schritte

Sturz nach vorn: Die Augen blicken geradeaus, Hände öffnen, Knie und Ellenbogen anwinkeln, Sturz abfedern.

Bewegungsablauf:
Beim Sturz nach vorn versuchen, auf die Schutzausrüstung zu fallen. Körperschwerpunkt möglichst weit absenken; Bauch und Rücken anspannen. Knie-, Ellenbogen- und Handgelenkschoner berühren den Boden und dämpfen den Aufprall. Dabei die Hände geöffnet halten, um nicht die Finger zu verletzen. Das Plastik des Schoners schützt die Handflächen und Handgelenke.

zen trägt dazu bei, das Verletzungsrisiko zu minimieren.
Es ist unsinnig, alle Sturzarten zu simulieren und entsprechendes Verhalten einzuüben, da die Gefahr besteht, sich bereits beim Üben zu verletzen. Trotzdem sollen an dieser Stelle einige Grundsätze zum Stürzen erwähnt und ein einfacher Sturz aus dem Stand nach vorn auf weichen Untergrund erprobt werden. Der beschriebene Sturzverlauf stellt das Grundmuster eines Sturzes nach vorn dar. Fällt man zur Seite oder nach hinten, sollte man in der Kürze des Augenblicks versuchen, den Aufprall durch die Schutzausrüstung zu mindern. Bewegungserfahrene Skater vermeiden gröbere Verletzungen durch geschicktes Abrollen.
Der beste Schutz vor einem Sturz ist: Smart Skating!

Die ersten Schritte

Anfahren und Gleiten

Starten Sie Ihre ersten Skate-Versuche unbedingt in der Ebene. Jegliches Gefälle führt sehr schnell zu hohen Geschwindigkeiten, die ohne Beherrschung der Bremstechniken gefährlich sind. Das Gleichgewichtsgefühl entwickelt sich schnell – insbesondere

Fahrtechnik

Links: V-Stellung einnehmen, das Gewicht von einem Bein auf das andere Bein verlagern. Die Skates beginnen zu rollen. Während der Bewegung zeigen die Zehen weiterhin leicht nach außen (**W, E**).

Rechts: Eine besonders stabile Position wird durch Abstützen der Hände auf den Knien erreicht.

 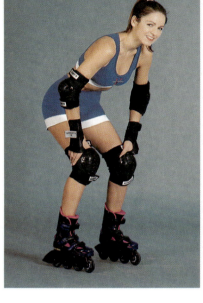

wer bereits Schlittschuhlaufen beherrscht, wird auf glattem Untergrund rasch ins Rollen kommen und von dem Gleiterlebnis auf Inline-Skates begeistert sein.

Bewegungsablauf:
Ausgangslage für sicheres Anfahren ist die V-Stellung. Dabei zeigen die Zehen nach außen, die Fersen sind nah beieinander, Knie- und Fußgelenke sind wie im sicheren Stand gebeugt. Für die ersten Gleitschritte nur abwechselnd den einen oder den anderen Skate belasten und jeweils den Gegenfuß leicht anheben.

Achten Sie darauf, daß die Fußspitzen nach außen zeigen, so daß der Körperschwerpunkt stabil in der Mitte bleibt. Wenn sich beide Hände dabei auf die Knie stützen, wird eine besonders standfeste Position erreicht. Diese tiefe und zugleich stabile Position bietet Sicherheit und erleichtert, die Balance zu halten.
Versuchen Sie allmählich, länger auf einem Bein zu gleiten. Je dynamischer und schneller das Gewicht verlagert wird, desto kräftiger ist der Abstoß und desto höher wird die Geschwindigkeit. Lange Gleitphasen auf einem Skate fördern das Gleichgewicht und machen das Skaten effektiver und kraftsparender.

Kurvenfahren

Sonderübungen für Anfänger:
- Skistöcke benützen.
- Einkaufswagen als Gleichgewichtshilfe benützen.
- Paarweise üben, einer mit, einer ohne Skates.

Übungen:
- Beim Fahren paarweise an der Hand halten.
- Synchron fahren.
- Sich abwechselnd klein bzw. groß machen.
- Eine Schlange fahren.
- Mehrfach mit demselben Bein anschieben.
- Über Hockeystöcke steigen.
- Sich gegenseitig anschieben.

Kurvenfahren

Kurvenfahrten und schnelle Richtungsänderungen sind auf Inline-Skates relativ leicht zu lernen. Die meisten Anfänger werden ohne jegliche Anweisungen ihre Skates in die gewollte Richtung dirigieren können. Mit etwas theoretischem Background ist dies leichter zu erlernen und gibt Sicherheit für weitere Manöver.
Die Schrittstellung ermöglicht ein Absenken des Körperschwerpunkts und damit eine bessere Kurvenlage. Beachten Sie, daß der vordere (kurveninnere) Skate auf der Außenkante der Rollen fährt, der hintere dagegen auf der Innenkante. Anfänger brauchen

Vorsicht, scharfe Kurve!

81

Fahrtechnik

Kurvenfahren: Das Gewicht ist auf beide Skates gleichmäßig verteilt, der kurveninnere Fuß ist vorn. Tiefgehen, Blick und Oberkörper in die Kurve richten (S, D, R).

Richtige Arm-Bein-Koordination ohne Rotation des Oberkörpers

etwas Übung, um dem Griff der Skates auf der Straße zu vertrauen und sich an die Kurvenlage zu gewöhnen. Je höher die Geschwindigkeit, desto weiter ist die Schrittstellung und desto stärker sollen die Knie gebeugt werden.

Bewegungsablauf:
Alle Richtungsänderungen erfordern beim Skaten eine leichte Schrittstellung. Stellen Sie den kurveninneren Fuß etwas nach vorn. Beugen Sie die Knie, und halten das Gewicht annähernd gleich auf beide Skates verteilt. Um die Kurve einzuleiten, drehen Sie den Kopf, die Arme und den Oberkörper in die gewünschte Richtung. Die Skates folgen automatisch der Bewegungsrichtung des Kopfes. Durch zusätzliche Drehung der Füße in die Kurve wird die Richtungsänderung verstärkt.

Übungen:
- Slalomfahren um Hindernisse (großer Abstand)
- Fahren um Hindernisse, kreuz und quer durcheinander
- Fahren in der Schlange
- paarweise Schattenfahren
- Kontrastlernen: Kurvenfahren wie mit einem Snowboard, einen Fuß immer vorn (Fußwechsel)

Arm-Bein-Koordination: Beide Arme und das Gleitbein bewegen sich in die gleiche Richtung und suchen Abdruck an den Rollen des Schubbeins.

Richtige Arm-Bein-Koordination

Richtige Arm-Bein-Koordination

Der aufrechte Gang eines Menschen zeigt deutlich eine Kreuzkoordination. Das rechte Bein und der linke Arm bewegen sich zugleich vor und zurück. Das linke Bein und der rechte Arm pendeln dazu im Gegenrhythmus.

Die Arm-Bein-Koordination beim In-line-Skating dagegen ist anders. Wer hier mit Kreuzkoordination anfängt, vergeudet unnötig Energie und gerät leicht ins Wanken. Dennoch ist die falsche Koordination sehr weit verbreitet. Zu erkennen ist sie daran, daß der Skater im Oberkörper eine Rotationsbewegung ausführt. Statt dessen ist eine »Diagonalkoordination« angesagt.

> **Bewegungsablauf:**
> Schwingen Sie die Arme gleichzeitig in die gleiche Richtung. Sie entfernen sich stets von dem Schubbein, und zwar nahezu rechtwinklig zur Schiene des Skates. Das bedeutet zur Seite und leicht nach vorn. Ist der Schub beendet, schwingen die Arme wieder nach unten und leicht zurück. Derselbe Bewegungsablauf beginnt erneut für das andere Bein.

Übungen:
- Beide Arme leicht vorstrecken. Die Hände geben die Bewegungsrichtung an und wechseln nach jedem Schritt in die andere Richtung. Sie gehen der Bewegung immer voraus.
- Der Kopf kippt beim Schub mit dem linken Bein nach rechts und umgekehrt. Eine leichte Hoch-tief-Bewegung gibt noch mehr Bewegungsgefühl.

Bremsen

Bremsen ist lebenswichtig – doch mit dem Stopper stehen viele Skater auf Kriegsfuß. Sie können nur mangelhaft verzögern, oft sogar so schlecht, daß sie sich selbst den Spaß am Skaten rauben, weil sie aus Furcht vor ungenügenden Bremsergebnissen erst gar nicht richtig schnell fahren. Wer also sicher skaten will und nicht mit der Textil- oder Handbremse Kleidung und Körper ruinieren will, muß die Bremstechniken ausreichend beherrschen.

Im Laufe der Zeit haben sich verschiedene Bremstechniken entwickelt: das Bremsen mit dem Gummistopper (Heel-Stop), der Pflug-Stop, der Rasen-Stop, der Spin-Stop, der T-Stop, der Powerslide und der Hockey-Stop, die alle ihre Vor- und Nachteile haben.

Der Pflug-Stop

Die einfachste Variante, um zu verlangsamen, ist der Pflug-Stop. Seine Wirkung ist jedoch nur drittklassig. Daher ist er nur für geringe Geschwindigkeiten zu empfehlen. Dennoch hat diese Bremstechnik einen

Fahrtechnik

unschlagbaren Vorteil: Die Bremskraft wirkt sehr schnell und läßt sich ebenso schnell wieder auflösen, während der Skate auf einfache Manöver noch anspricht.

Der Pflugstop ist nur für geringe Geschwindigkeiten geeignet und erreicht mäßige Bremsleistungen (W, D).

Bewegungsablauf:
In langsamer Fahrt werden die Beine gegrätscht. Die Knie und Füße dann leicht nach innen drehen. Gegen den dabei entstehenden Druck die Füße weiterhin spreizen.

Tip:
Brauchbar ist der Pflug-Stop darüber hinaus z. B. beim Stehen in abschüssigem Gelände, um ein frontales Wegrollen zu verhindern.

Der Rasen-Stop

Der Rasen-Stop ist eine Art Notbremse, die normalerweise nicht in den Bereich der Skate-typischen Fahrtechniken gehört. Dennoch ist diese Bremse sehr effektiv und oft die letzte Rettung vor einem wirklich peinlichen Auftritt.

Bewegungsablauf:
In Schrittstellung den Körperschwerpunkt so weit wie möglich absenken, ohne dabei an Standsicherheit zu verlieren. Die Arme nach vorn strecken, um einen eventuellen Sturz abzufangen. Sobald man in das unbefestigte Gelände einfährt, muß man mit großen Bremskräften rechnen. Durch Verlagerung des Körperschwerpunkts nach hinten unten wirkt man diesen Kräften entgegen.

Der Heel-Stop

Der Heel-Stop ist die effektivste Art, auf Inline-Skates zu bremsen. Wenngleich der Bremsstopper abradiert wird, ist der Heel-Stop im Vergleich zu anderen Bremstechniken wesentlich materialschonender. Der Stopper ist deutlich billiger als die Rollen, die

Bremsen

Der Rasen-Stop ist die Notbremse bei allen Geschwindigkeiten. Sofern der Ausweg ins Grüne möglich ist, kann er in Schrittstellung und mit tiefem Körperschwerpunkt größeres Unheil verhindern (S).

bei den anderen Bremstechniken zum Teil stark abgeschabt werden. Auch ist der seitliche Platzbedarf beim Heel-Stop gering.

Der geradlinige, kurze Bremsweg und der kleine seitliche Bewegungsumfang machen den Heel-Stop zur ersten Wahl der Bremsmanöver. Die folgende dreistufige Übungsreihe zum Heel-Stop sollte erst im Stehen, dann in langsamer Fahrt ausgeführt werden. Mit zunehmender Sicherheit kann die Geschwindigkeit erhöht werden.

Anfangs sind die Bremswege sehr lang, da es schwierig ist, genug Druck auf den Bremsklotz zu bringen. Ängste, nach hinten zu fallen, sind unbegründet, da der hintere Skate im Notfall als Stütze dient.

Tip:
Achten Sie darauf, daß der vordere Skate nicht seitlich ausweicht.

Je mehr Druck auf den Stopper wirkt, desto kürzer wird der Bremsweg. Mit ein wenig Übung bekommt man schnell das Gefühl für stärkere Bremsmanöver. Ziel der Übungen sollte es sein, den Druck auf den Bremsstopper so weit zu erhöhen, daß das hintere Bein vom Boden abgehoben werden kann. Wer diese Übung zu jedem Zeitpunkt fahren kann, kann getrost quer durch die Städte tingeln.

Fahrtechnik

Heel-Stop: Schrittstellung einnehmen (**S**, oben links).

Zehen des vorderen Fußes anheben, Blick geradeaus (**E**, oben Mitte).

Druck geben und »Sitzstellung« einnehmen (oben rechts).

Extremer Heel-Stop (rechts) mit Anheben eines Skates

Kraftsparend und ausdauernd skaten

Den Unterschied vom Anfänger zum Fortgeschrittenen sieht man am leichtesten an der Ausführung der Skate-Schritte. Wer zur besseren Kategorie gehört, setzt den Skate nicht mehr nur auf der Innenkante auf, sondern versucht, die ausgeprägte V-Stellung der Füße aufzulösen, und führt den Körperschwerpunkt instabiler, aber dynamischer über dem Skate.
Ökonomisches Skaten bedeutet, den Beschleunigungsweg zu optimieren. Eine räumliche Verlängerung der Gleitphase geht mit einer zeitlichen Erweiterung der Schritte einher, so

Kraftsparend und ausdauernd skaten

daß das kraftsparende Skaten keinen weiteren Kraftaufwand benötigt; vielmehr wird die Zeit der Impulsübertragung verlängert.

Bewegungsablauf, Teil 1:
Setzen Sie den Skate senkrecht unter dem Körperschwerpunkt auf der Skate-Mitte auf. Die Zehen zeigen dabei genau in Fahrtrichtung. Vor dem nächsten Abstoß sollte der Skate zunächst ein Stück geradeaus gleiten und dann der Oberkörperbewegung seitlich folgen. Die Unterstützung durch die Arme in korrekter Arm-Bein-Koordination bringt Schwung und weitere Stabilität.

Bewegungsablauf, Teil 2:
Um die Gleitphase weiter zu optimieren und den Abstoßweg noch länger zu gestalten, setzt man die Skates auf der Außenkante auf. Anschließend fährt der Skate in einer deutlichen S-Kurve unter dem Körperschwerpunkt durch.

Übungen:
- Einbeinig fahren (tiefgehen!).
- Einbeinig auf einer Linie fahren.
- Die Gesamtbewegung in leicht abschüssigem Gelände üben.

Die Grafik ganz unten verdeutlicht die verschiedenen Gleitwege.

Aufsetzen des Skates neben dem Körperschwerpunkt

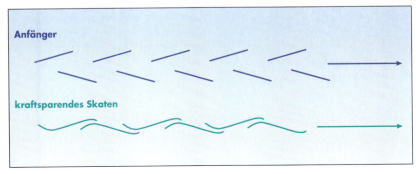

Spurbilder von Anfänger und Geübtem im Vergleich

Fahrtechnik

Der Geübte fährt deutliche S-Linien mit langen Gleitphasen.

- Das Tannenbaum-Muster des Anfängers ist zwar sehr stabil, aber nicht besonders effektiv.
- Beim optimalen S-Muster für perfekte Gleitphasen und optimale Kraftausnutzung wird der Skate auf der Rollenaußenkante aufgesetzt.

Slalomtechnik – Kurvenfahrt mit Gegenrotation

Die Slalomtechnik zeichnet sich insbesondere durch sehr kurze Schwünge aus, die zeitlich knapp aufeinanderfolgen. Der Abstand der Hindernisse beträgt nicht mehr als 50 cm. Bei diesen kurzen Schwüngen ist eine Drehung der Füße, Beine und Hüfte gegen den Oberkörper reaktionsfreudiger als die klassische Kurventechnik mit Vorrotation. Der Bewegungsumfang ist jedoch eingeschränkt, so daß mit dieser Technik nicht mehr als 90°-Kurven gefahren werden können. Die Slalomtechnik ist mitunter im alltäglichen Verkehr sehr sinnvoll. Steinen oder Schlaglöchern, die erst spät zu erkennen sind, kann so blitzschnell ausgewichen werden.

Übung:
- Slalomfahren einbeinig, im Wechsel

Nachtaufnahmen mit LED-Lichtern in den Rollen machen Skate-Spuren sichtbar: Tannenbaum-Muster des Anfängers.

Slalomtechnik

> **Bewegungsablauf:**
> Die Füße schnell aus der Fahrtrichtung drehen; dabei bleibt der Körperschwerpunkt in einer möglichst geraden Linie. Anschließend drehen die Füße schnell wieder zurück und fangen das entstandene Kippmoment wieder auf. Der Kopf und die Schultern bleiben insgesamt richtungsstabil.

Slalomfahren um kleine Hindernisse (**D**)

Bremsen für Fortgeschrittene

Neben dem Heel-Stop gibt es eine Reihe weiterer Bremstechniken. Erfahrung und Standsicherheit auf den Skates sind hierfür notwendige Voraussetzungen. Wichtig: Diese Bremstechniken gehen stets zu Lasten eines höheren Abriebs der Rollen. Wer seine Rollen und seinen Geldbeutel schonen möchte, sollte die Fersenbremse treten. Sie ist dafür gebaut. Dennoch haben alle weiteren Bremstechniken ihren Sinn und sind bei korrekter Ausführung oft sehr elegant.

Der Spin-Stop

Wie der Heel-Stop ist auch der Spin-Stop eine leicht zu erlernende Bremstechnik. Der Spin-Stop bietet die Möglichkeit, aus geruhsamer Fahrt anzuhalten. Die Geschwindigkeit wird dabei in eine Drehung umgelenkt. Nachteil dieser Technik ist der große seitliche Platzbedarf, die hohe Abnutzung der Rollen und die Tat-

Die einbeinige Slalomtechnik erfordert noch mehr Wendigkeit der Füße und Gleichgewichtssinn.

sache, daß sie bei hohen Geschwindigkeiten unbrauchbar ist.
Einige Vorübungen erleichtern den Spin-Stop:
- Im Stand das Gewicht auf ein Bein verlagern und den entlasteten Skate mit der Ferse nach innen drehen.
- Im Stand: Gewicht auf ein Bein, anderes Bein auf den Zehen drehen, Ferse nach innen drehen.
- Im Fahren: Gewicht auf den äußeren Fuß, inneren Fuß drehen, drehen, nach 360° stehen.

Fahrtechnik

Gewicht auf das äußere Bein verlagern, inneres Bein zurückfallen lassen (**S, E**, ganz oben links).

Den Skate auf der vordersten Rolle drehen (**W, D**, ganz oben rechts).

Die Fersen zeigen zueinander. Gewicht auf beide Skates verteilen, tiefgehen, Knie nach außen drehen (oben).

Die Nachtaufnahme mit einer beleuchteten Rolle an jedem Skate zeigt die Drehung (Spin) mit dem Spurwechsel der Füße.

Bremsen für Fortgeschrittene

Bewegungsablauf:
Die Drehung beim Spin-Stop wird durch eine Kurve mit paralleler Stellung der Skates eingeleitet. In Kurvenfahrt wird das Gewicht auf den später kurvenäußeren Skate verlagert. Der andere Fuß fällt leicht zurück und wird über die vorderste Rolle um 180° gedreht. Anschließend wird das Gewicht wieder gleichmäßig auf beide Skates verteilt. Geschwindigkeit in Drehung umleiten: Die Fersen der Skates zeigen während der Rotation zueinander. Knie nach außen drücken und Oberkörper leicht in die Kurve lehnen. Nach Drehung um 360° Fußposition auflösen und in Fahrtrichtung stehenbleiben.

Je höher die Geschwindigkeit, desto extremer müssen die Knie gebeugt und der Oberkörper in die Kurve gelehnt werden. Extreme Beugung in Knie- und Fußgelenken ermöglicht so auch Spin-Stops bei mittleren Geschwindigkeiten.

Tip:
Den Spin-Stop in beide Richtungen üben, um nicht einseitig zu werden.

Beachte:
Die Schrittstellung beim Spin-Stop: Der kurveninnere Skate ist hinten!
Die Schrittstellung beim Kurvenfahren: Der kurveninnere Skate ist vorn!

Nicht nur Anfänger unterschätzen ihren Bremsweg häufig. Auch für gute Skater kann es äußerst gefährlich sein, nicht rechtzeitig zum Stehen zu kommen. Versuchen Sie auf eine Linie oder Markierung hin abzubremsen und möglichst exakt stehenzubleiben. Üben Sie immer wieder, den eigenen Bremsweg einzuschätzen und zu verkürzen.

T-Stop: elegant, aber wenig effektiv (W, E)

Fahrtechnik

Der T-Stop

Eine sehr elegante Möglichkeit, die Geschwindigkeit dosiert zu verringern, ist der T-Stop, doch fällt aufgrund der relativ schlechten Wirkung der Bremsweg lang aus. Für hohe Geschwindigkeiten ist er absolut unbrauchbar. Er eignet sich daher nur, um aus langsamer Fahrt abzubremsen oder um die Geschwindigkeit zu dosieren, beispielsweise beim Skaten mit leichtem Gefälle. Lange Bremswege und hoher Rollenabrieb machen diese Bremstechnik nicht besonders effektiv.

> **Bewegungsablauf:**
> Einen Skate quer zur Fahrtrichtung hinter den anderen stellen. Der hintere Skate schleift auf der Innenkante aller vier Rollen über den Asphalt. Je mehr Druck ausgeübt wird, desto größer ist die Bremswirkung. Darauf achten, daß das vordere Bein stark gebeugt ist und der bremsende Skate mit allen Rollen gleichmäßig belastet wird. Wer mehr Druck auf die vordere Rolle gibt, wird ungewollt eine Kurve fahren.

Häufigster Fehler: Während des Bremsens wird unabsichtlich eine Kurve eingeleitet. Ursache dafür kann sein, daß das Gewicht nicht über dem Standbein liegt, eine leichte Kurvenlage eingenommen wird, das vordere Knie nach innen zeigt, der Brems-Skate nicht senkrecht zur Fahrtrichtung steht oder die Rollen nicht gleichmäßig belastet sind. Abhilfe schafft man, indem man nach vorn schaut, auf einer Linie fährt, tiefgeht und den Druck langsam erhöht.

Tip:
Üben Sie diese Technik mit beiden Beinen, um nicht einseitig zu werden.

Übersetzen

Kraftvolle Beschleunigungen geben jedem Skater Schwung und Dynamik. Während einer Kurvenfahrt zu beschleunigen erfordert die Technik des Übersetzens: Ein Bein tritt über das andere.
Besondere Schwierigkeit ist hierbei das Fahren auf der Außenkante mit dem kurveninneren Skate. Der kurvenäußere fährt zugleich auf der Innenkante.
Das Abstoßen von der Außenkante des Skates ist ungewohnt und unsicher. Der kurvenäußere Skate übersteigt bei jedem Schritt den kurveninneren Skate, um auf der Kreisbahn zu bleiben.

Vorübungen:
- Im Stehen in beide Richtungen übersetzen, dabei einfach einen Fuß über den anderen setzen, wobei man sich leicht seitlich nach vorn fortbewegt.
- In Geradeausfahrt immer vom selben Bein abstoßen.
- In Kreisfahrt immer vom kurvenäußeren Bein abstoßen.

Übersetzen, Rückwärtsfahren

Beschleunigen in der Kurve durch Übersetzen (**W, D, E, R**)

Bewegungsablauf:
Fahren Sie in die Kurve ein. Belasten Sie das kurveninnere Bein, so daß Sie das andere vom Boden abheben können. Überkreuzen Sie die Beine; das Standbein bleibt hinten. Das Körpergewicht wird erneut auf das innere Bein verlagert. Scherung auflösen.

Tips:
Erst Kurven mit großen Radien üben; mit zunehmender Sicherheit die Kurvenradien verkleinern. Zum Stabilisieren die Arme anfangs seitlich ausgestreckt halten. Das Übersetzen in beide Richtungen üben und darauf achten, daß von beiden Füßen gleich stark abgedrückt wird. Immer in Kurvenrichtung schauen – Kopf hoch, nicht auf die Skates blicken!

Übungen:
- Slalom fahren auf einem Bein.
- Übersetzen im Achter.

Rückwärtsfahren

Wer schon mal auf Inline-Skates mit Hockeyschläger bewaffnet dem kleinen roten Hockeyball nachgejagt ist, der weiß: Rückwärtsfahren ist für Street-Hockey-Spieler unerläßlich. Beim Freizeit-Skater fördert es die Koordination und die Reaktion. Das Rückwärtsfahren lernt man am einfachsten, wenn beide Skates ständig Kontakt zum Boden halten, also durch rückwärtiges »Sanduhrlaufen« (siehe Grafik auf S. 95).

Bewegungsablauf:
Aus der Pflugstellung werden mit beiden Skates synchron Halbkreise gefahren. Wenn die Fersen auseinander zeigen, Knie zusammenpressen und nach hinten abstoßen, Fersen wieder schließen, beim Öffnen wieder abstoßen. Nach hinten schauen, nicht auf die Skates.

Fahrtechnik

Rückwärts anfahren **(W, D)**

Tips:
Anfangs können mit Kreide aufgezeichnete Linien das Sanduhrlaufen erleichtern. Beim Rückwärtsfahren immer auf die anderen achten – dahin schauen, wohin man fährt, nie »blind« rückwärtsfahren! Sie sollten nur auf einwandfreiem Untergrund und bei Helligkeit rückwärtsfahren.

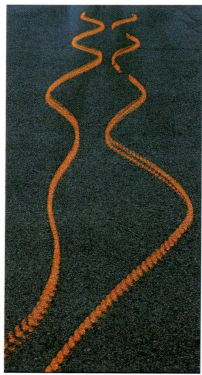

Fahrspur einer Rückwärtsfahrt (Nachtaufnahme)

Übungen:
- Paarweise mit Handhaltung skaten, einer fährt vorwärts, der andere rückwärts.
- Einbeinig abstoßen, anderes Bein fährt gerade.
- Rückwärts sanduhrlaufen um Markierungen (halbierte Tennisbälle).
- Rückwärts Slalom fahren.
- Rückwärts swizzeln (übersetzen).

Umdrehen

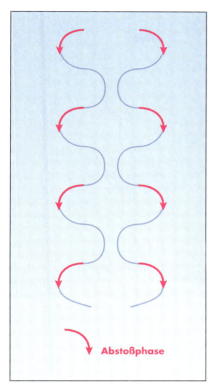

Abstoßphase

Sanduhrlaufen rückwärts (ganz links)

Swizzeln rückwärts (links)

Tip:
Üben Sie das Umdrehen unbedingt in beide Richtungen, um nicht einseitig zu werden.

Umdrehen

Zum Rückwärtsfahren gehört natürlich auch das Umdrehen. Leichter zu erlernen ist das Umdrehen von rückwärts nach vorwärts, da man sich nach der Drehung in sicherer und vertrauter Vorwärtsfahrt befindet und eventuell beim Wendemanöver aufgetretene Gleichgewichtsprobleme besser meistern kann. Bevor man sich an die Drehung aus voller Fahrt wagt, empfiehlt es sich, die Bewegung auf Gras und im Stand kennenzulernen.

Bewegungsablauf:
Das Gewicht auf einen Fuß verlagern. Den anderen Skate leicht anheben und in die neue Richtung drehen. Extremes Tiefgehen erleichtert das Aufsetzen des Skates in der neuen Fahrtrichtung. Gewicht auf das andere Bein verlagern, den zweiten Skate drehen und beiziehen.

Hinweis: Der Fuß muß unbedingt sauber in Fahrtrichtung aufgesetzt werden, da man sonst ungewollt eine

Fahrtechnik

Umdrehen: In Rückwärtsfahrt Gewicht verlagern und Skate anheben (**W**, rechts).

Tiefgehen und drehen (ganz rechts).

In der neuen Richtung aufsetzen und den anderen Skate nachholen (**E**, rechts).

Extremes Bremsen: Powerslide (ganz rechts)

Bremsen für Profis

Kurve fährt oder sogar verkantet. Während der Drehung zeigen die Fersen kurzzeitig zueinander; dabei rollt der eine Skate vorwärts und der andere rückwärts.

Drehung im Sprung

Das gleiche Manöver läßt sich im Sprung schneller ausführen. Als Vorübung im Stand beidbeinig hüpfen mit viertel, halber und ganzer Drehung. Erst wenn die halbe Drehung im Stand sicher klappt, wird im Fahren geübt.

> **Bewegungsablauf:**
> Die Drehung schwungvoll einleiten. Abspringen und die Arme zur Drehachse an den Körper ziehen. In leichter Schrittstellung landen.

Pirouette

Für eine Pirouette mit Linksrotation fährt man zunächst eine engerwerdende Rechtskurve. Im Punkt der größten Zentrifugalkräfte löst man die Kurve in eine starke Linksrotation auf.

Bremsen für Profis

Der Powerslide

Der Powerslide ist neben dem Heel-Stop die effektivste Bremstechnik. Da er aus dem Rückwärtsfahren eingeleitet wird, erfordert er gutes Fahrkönnen. Auch verlangt der Powerslide

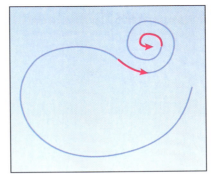

Einleitung einer Pirouette

Arme zum Körper heranziehen, um die Rotation zu verstärken.

viel Gefühl für die Rutschfähigkeit der Rollen auf verschiedenen Untergründen. Da das Umdrehen von vorwärts auf rückwärts bei weniger geübten Fahrern wichtige Zeit in Anspruch nimmt, kommt der Powerslide eher selten zum Einsatz. Die Rollen verschleißen bei dieser Bremstechnik extrem. Voraussetzung für den Powerslide ist das absolut sichere Rückwärtsfahren.

Fahrtechnik

> **Bewegungsablauf:**
> Einbeinig rückwärtsfahren, den Körperschwerpunkt absenken und das hintere Bein weit nach hinten strecken. Alle vier Rollen setzen zugleich auf der Innenkante auf. Druck langsam erhöhen.

Übungen:
- Nach und nach mehr Druck geben.
- In Verbindung mit Umdrehen üben.
- Erst langsam, dann mit höherer Geschwindigkeit üben.

Tip:
Auf beiden Seiten üben, um nicht einseitig zu werden.

Der Hockey-Stop

Abgesehen davon, daß diese Bremstechnik das Material extrem belastet, erfordert der Hockey-Stop einiges an Gefühl für die Haftung der Skates, um nicht unkontrolliert durch zu starke Drehung wegzurutschen oder durch zu wenig Kurvenlage aus der Kurve getragen zu werden. Üben Sie den Hockey-Stop durch Kurvenfah-

> **Bewegungsablauf:**
> Beim Hockey-Stop wird ähnlich wie beim Schlittschuhfahren durch Querstellen der Skates gebremst. Sehr enge Kurven lassen den Skate kontrolliert seitlich rutschen.

Hockey-Stop
(**S, D, R**)

Treppensteigen

ren. Anfangs mit niedriger Geschwindigkeit größe Bögen fahren; immer engere Kurven, bis die Skates seitlich rutschen und bremsen.
Wer bei niedriger Geschwindigkeit Gefühl für den Untergrund und das Wegrutschen der Rollen hat, kann das Tempo vorsichtig erhöhen

Tip:
Achten Sie auf unterschiedliche Untergründe (Halle, neuer Teer, alter Teer, Beton, Steinplatten). Bremsen Sie nie auf Laub, Splitt, in Pfützen!

Treppensteigen

Wer kennt es nicht, das alte Problem: Man steht mit Skates an den Füßen vor einer Treppe. Es macht nicht gerade eine gute Figur, wenn man sich

Treppensteigen (**W, E**)

wacklig und unsicher am Geländer hoch- oder hinunterhangelt. Wenn keine rettende Balancierhilfe vorhanden ist, endet der Treppenakt nicht selten mit einem unsanften Abgang. Wer in weiser Voraussicht einen größeren Umweg in Kauf nimmt oder die Skates auszieht, ist schon besser bedient, doch es geht noch einfacher.

Bergauf

Mit der richtigen Technik ist eine Treppe kein unüberwindbares Hindernis mehr. Nach ein paar Versuchen wird man schnell auch ohne Geländer jede Stufenfolge meistern.

Tip:
Üben Sie anfangs auf niedrigen Stufen, und halten Sie sich zur Sicherung am Geländer fest, ohne sich daran hochzuziehen.

Bergab

Wer oben ist, muß natürlich irgendwann wieder herunter. Auf Inline-Skates steigt man eine Treppe in glei-

> **Bewegungsablauf:**
> Fahren Sie langsam an die unterste Stufe, bis der Skate anstößt. Während Sie sich auf der Treppe befinden, müssen die Skates wie in der V-Stellung mit den Zehen immer leicht nach außen zeigen. Dadurch wird ein Nach-hinten-Rollen verhindert. Man steigt wie beim Anschieben in der Ebene immer in geöffneter Fußstellung die Treppe hinauf. Die Spitze der Skates stößt an jeder Stufe vorn an, was die nötige Stabilität gibt. Beugen und Vorschieben der Knie erniedrigt den Körperschwerpunkt und bringt Stabilität.

Fahrtechnik

Übersteigen des Randsteins in langsamer Fahrt

Bei hoher Geschwindigkeit steigt man seitlich über den Randstein.

cher Haltung herunter, wie man sie erklommen hat. Demnach steigt man diesmal rückwärts. Die Skates zeigen leicht nach außen und stoßen an der Stufe an. Schritt für Schritt geht's mit leicht gebeugten Knien wieder bergab.

Diese Technik ist zwar die sicherste und bei sehr steilen Stufen unbedingt ratsam, vielen Skatern ist sie aber zu langweilig und zu langsam. Es gehört jedoch schon etwas Mut dazu, eine Treppe hinunterzuskaten. Suchen Sie sich für die ersten Versuche eine sehr flache Treppe aus. Mit etwas Geschwindigkeit an die oberste Stufe heranfahren; in sicherer und stabiler Schrittstellung geht es dann hinunter. Gesamte Rumpfmuskulatur anspannen und mit den Beinen die Stufen abfedern. Hände nach vorn halten, um bei einem eventuellen Sturz vorbereitet zu sein. Knie-, Fuß- und Hüftgelenk stark beugen, um in stabiler Position nicht ins Wanken zu geraten. Die Schrittstellung darf nicht zu groß sein, da sonst der Stopper an der Stufenkante hängenbleibt.
Nach ein paar Versuchen wird man sich schnell an steilere Treppen wagen und keine Treppe mehr als Hindernis ansehen.

Meistern kleiner Skate-Hindernisse

Schönes Wetter im Grünen – gern schlängelt man sich durch den Stadtpark und genießt die Natur. Doch so

Meistern kleiner Skate-Hindernisse

Treppenfahren (S)

Fahrtechnik

Fahren auf den vorderen Rollen (oben links)

Duck-Walk (oben Mitte)

Swizzeln vorwärts (oben rechts)

eine Ausfahrt kann jäh unterbrochen werden. Ein Loch im Teer reicht, um einen Skater umzulegen. Wer skatet, muß auf Überraschungen gefaßt sein. Hier einige Tips zu den häufigsten Stolperschwellen.

Randstein

Für viele stellt ein Randstein ein unangenehmes Hindernis dar. Wer jedoch weiß, wie's geht, wird im Notfall die kleine Hürde zwischen Bürgersteig und Straße ohne Probleme meistern. In langsamer Fahrt ist es möglich, den Randstein wie beim Treppensteigen senkrecht zu überwinden. Langsam anfahren und mit einem Schritt den Fußweg betreten.
In schneller Fahrt kann der Schritt leicht zum Problem werden. Richtiges Timing ist notwendig – zu früh oder zu spät führt er zum Kniefall vor Fußgängern. Besser ist es, ein Stück parallel zum Randstein zu skaten, einen Fuß hinauf- bzw. hinabzusetzen und anschließend den anderen nachzuziehen.

Kleine Hindernisse zügig in Schrittstellung überqueren (S).

Der letzte Schliff

Kleine Rillen oder Kanten im Teer

Niedrige Hindernisse unter halber Rollenhöhe lassen sich mit etwas Standhaftigkeit problemlos überwinden. In Schrittstellung und mit abgesenktem Körperschwerpunkt einfach darüberrollen. Genauso meistern erfahrene Skater rauhen, rutschigen oder schlechten Untergrund.

Der letzte Schliff

Die Geschicklichkeitsübungen auf dieser Seite zeigen Ideen und Vorschläge für die Skate-Praxis.

Mit Geschicklichkeitsübungen erlangt man mehr Sicherheit auf den Skates und erweitert sein Bewegungsrepertoire: Spider (oben), Standwaage (unten)

Die Disziplinen

Die Disziplinen

Inline-Skates bewegen Menschen. Sie sind ein praktisches Fortbewegungsmittel und ein beliebtes Trainingsgerät. Kinder spielen in Nachbars Garageneinfahrt Street-Hockey, an Wochenenden werden Meisterschaften auf Inline-Skates ausgetragen, und Tausende begeisterter Freizeitsportler schieben auf den acht kleinen Gummirollen an. Inline-Skating eröffnet ein interessantes und variantenreiches Sportangebot.

Aus den diversen Verwendungsmöglichkeiten kristallisierten sich im Laufe der Zeit spezifische Disziplinen heraus. Tore lassen sich zählen, Höhen, Weiten und Zeiten messen und Bewegungen nach Richtlinien der Ästhetik bewerten. Die Vielschichtigkeit findet Anerkennung im Breitensport. Als Leistungssport erlangten einige Disziplinen internationale Anerkennung, und inzwischen werden Europa- und Weltmeisterschaften ausgetragen.

Die Gemeinden und Verbände errichten öffentliche Skateanlagen. Das Bundesinstitut für Sportwissenschaften in Köln öffnet den Skatern die Sporthallen: flächenelastische Hallenböden, die DIN 18032 Teil 2 erfüllen, eignen sich für Inline-Skating.

Der in Sporthallen oft verwendete DD-Linodurboden ist für schwerste Belastungen gedacht und kann daher mit Rollsportgeräten befahren werden. In letzter Instanz entscheidet jedoch immer der Sachaufwandsträger. Springen, extremes Bremsen, Ballspiele, Hockey und die Verwendung farbiger Rollen wird meist verboten.

Startschuß zum Münchner Skate-Kurzmarathon der Kinder

Die Disziplinen

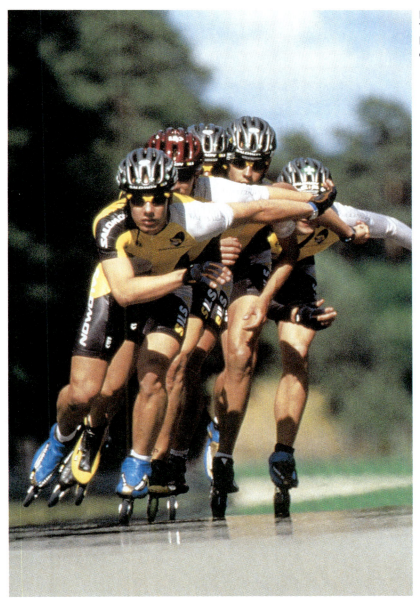

Das Salomon-Team im Kampf gegen die Uhr

Die Disziplinen

Speed

Nahezu alle Veranstaltungen werden auf Rundstrecken – Bahn oder Straße – ausgetragen. Sofern sich die Skater auf der Straße bewegen, steht den Veranstaltern die Bestimmung der Weglänge frei. Für Rekordversuche müssen die Strecken von einem Vermessungsamt oder einer speziellen Kommision für Rollschnellauf exakt vermessen sein. Internationale Rennen dürfen nur auf mindestens 6 m breiten Strecken ausgefahren werden.

Die Länge der Skate-Bahnen liegt zwischen minimal 100 m und maximal 450 m. Standard ist heute das 200-m-Oval.

Die Bahnen weisen je zwei Geraden und zwei Kurven auf, sind mindestens 4 m breit, und ihre Oberflächen bestehen aus glattem und griffigem Material. Die Kurven dürfen den Radius von 6 m nicht unterschreiten und können eventuell eine Überhöhung aufweisen.

Auf der Skate-Bahn wird im Gegenuhrzeigersinn gefahren.

Wettkampfklassen	Alter
Schüler C	7
Schüler B	8–9
Schüler A	10–11
Jugend	12–13
Junioren B	14–15
Junioren A	16–17
Aktive Klasse	18–29
Senioren AK 30	30–39
Senioren AK 40	40–49
Senioren AK 50	ab 50

Spitzengeschwindigkeiten über lange Strecken dank perfekter Technik

Speed

Männliche und weibliche Teilnehmer werden getrennt gewertet. Athleten ab 15 Jahre und alle Senioren dürfen wahlweise in der Aktiven Klassen teilnehmen.
Offizielle Wettkämpfe werden über folgende Distanzen ausgetragen: 100 m, 200 m, 300 m, 500 m, 1000 m, 1500 m, 2000 m, 3000 m, 5 km, 10 km, 15 km, 20 km, 30 km, 50 km, Halbmarathon und Marathon. Die kürzeste Strecke für die Aktive Klasse beträgt 300 m.
Für nationale Wettkämpfe gelten folgende Strecken- und Klasseneinteilungen:

Distanzen in m		Einzelstart				Massenstart					
		100	200	300	500	1000	1500	3000	5000	10000	20000
Schüler B	weiblich	+			+	+					
	männlich	+				+	+				
Schüler A	weiblich		+			+	+				
	männlich		+			+		+			
Jugend	weiblich			+		+	+	+			
	männlich			+		+	+		+		
Junioren B	weiblich			+		+		+	+		
	männlich			+			+		+	+	
Junioren A	weiblich			+	+[1]		+	+	+[2]		
	männlich			+	+[1]		+		+[3]	+[2]	
Aktive	weiblich			+	+[1]	+		+	+	+[2,4]	
	männlich			+	+[1]		+		+	+[3]	+[2,4]
AK 30	weiblich			+		+	+	+			
	männlich			+			+	+	+		
AK 40/50	weiblich				+	+	+				
	männlich					+	+	+			

[1] Sprintausscheidung: eins gegen eins im K.-o.-System.
[2] Ausscheidung: Der jeweils letzte Läufer muß nach einer vorgegebenen Rundenzahl ausscheiden.
[3] Punkterennen: In Wertungsrunden bekommen die ersten Läufer Punkte, deren Summe die Plazierung festlegt.
[4] Zweiervereinsstaffel: Je ein Läufer einer zweiköpfigen Mannschaft bestreitet das Rennen. Der Wechsel erfolgt durch Körperkontakt.

Die Disziplinen

Sprint

Die Distanzen bis maximal 500 m werden im Einzelstart gegen die Uhr angetreten. Sieger ist der Läufer mit der kürzesten Zeit. Spitzenathleten erreichen bei dieser Disziplin Endgeschwindigkeiten über 50 km/h.

Marathon

Eine 42,2 Kilometer lange Distanz muß bewältigt werden. Für viele Inline-Skater geht es nur um das Erreichen des Zieles. Spitzenathleten hingegen ringen um den Sieg. Sie legen die Distanz mit einer Durchschnittsgeschwindigkeit bis zu 40 km/h zurück und sind demnach in einer guten Stunde am Ziel. Bei diesen Geschwindigkeiten bringt das Windschattenfahren deutliche Vorteile. Taktik ist demnach angesagt: Hinten fährt es sich um bis zu 40% leichter, doch nur vorn kann man gewinnen! Oft wird ein Marathon sogar am Start schon entschieden, weil Sportler in hinteren Startreihen nicht im ersten »Zug« mitfahren können.

Breitensportler wählen gern kürzere Belastungen, z.B. 5- oder 10-km-Läufe oder Halbmarathons. Sie sind leichter zu bewältigende Ausdauerdistanzen.

24 Stunden

Eine unermüdliche Mannschaft, bestehend aus drei Athleten, teilt sich das 24stündige Zeitkontingent untereinander auf. Während ein Fahrer im Rennen für Kilometerleistungen sorgt, ruhen sich die Kollegen aus. Jede Mannschaft wählt die Belastungszeiten ihrer Sportler individuell aus. Kurze Belastungszeiten ermöglichen auch nur kurze Regenerationszeiten der Pausierenden. Leistungsbegrenzend sind die aeroben Ausdauerfähigkeiten, der Schlafmangel und die Blasen an den Füßen.

Short Track

Auf einer vorgegebenen Bahn starten zwei vierköpfige Mannschaften gegenüber. Ziel ist es, die jeweils gegnerische Mannschaft einzuholen. Gelingt dies nicht, wird nach einer vorgegebenen Rundenzahl (5–10) die in Führung liegende Mannschaft zum Sieger erklärt. Es müssen mindestens drei Teilnehmer ins Ziel kommen. Die Zeit des Dritten wird gewertet.

Downhill

Inline-Skating ermöglicht Skiabfahrtsrennen im Sommer. Schwer verkleidet rasen Inline-Skate-Piloten mit einem Tempo bis zu 100 km/h zu Tal.

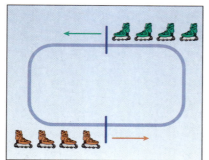

Short Track

Speed

Aerodynamische Prozesse, Risikobereitschaft und nicht zuletzt die richtige Wahl der Rolle entscheiden bei dem Kampf um Zehntelsekunden über Sieg und Niederlage.
Die extremste Form, talwärts zu rauschen, stellt Inline-Beton dar. Geschützt wie Motorradfahrer, stürzen sich ganz Mutige die Steilkurven von im Sommer nicht benutzten Bobbahnen hinunter.

Nichts für Hasenfüße: Inline-Beton

Hochgeschwindigkeiten

Schneller als »Downhiller« skaten nur noch Geschwindigkeitsfanatiker im Schlepptau eines motorisierten Fahrzeugs. Mit knapp unter 300 km/h lassen sie sich ziehen. Bei diesem Tempo haben Speziallager und extrem harte Rollen Einsatzberechtigung, da sich Rollen und Lager stark erhitzen.

Langlauf

Fahren und Schieben: Diese Kombination erweitert Inline-Skating zum Ganzkörpersport. Langläufer und Biathleten trainieren so im Sommer, um Kondition für die Wettkampfsaison zu bekommen. Ein Problem sorgt hierbei immer wieder für Diskussionsstoff: Die Inline-Skates gleiten schneller über den Asphalt als die Ski über den Schnee. Deshalb müssen die Arme zu schnell schaufeln.
Hierfür gibt es drei Lösungsansätze:
- Bergauf fahren; schon kleine Steigungen können ausreichen.
- Auf Tartanbahnen fahren.

Sommertraining für Langläufer

Die Disziplinen

- Mit extrem langen Stöcken einen 3:1-Rhythmus fahren: Drei Schritte fahren, dabei jeweils einen Armzug machen.

Speed-Skating mit Gruppen

Verfolgungslauf

Auf einem kurzen Oval bekommt jeder Sportler 3–6 m Rückstand zu seinem Vordermann. Auf ein Signal starten alle gleichzeitig, und jeder muß versuchen, seinen Vordermann einzuholen.
Der eingeholte Vordermann wird abgeklatscht und muß aus dem Wettbewerb ausscheiden. Gefahren wird, bis schließlich nur noch ein Skater im Oval ist.

American

Zwei Teilnehmer bilden eine Mannschaft. Partner A fährt auf einem vorgegebenen Parcours, Partner B fährt langsam auf dem gleichem Parcours, bis er von hinten von A eingeholt wird. A schiebt dann B in das Rennen, so daß dieser seinerseits so lange fährt, bis er wiederum Partner A von hinten einholt und anschiebt usw.
Eine vorgegebene Rundenzahl muß so schnell wie möglich überwunden werden. Mehrere Mannschaften starten gegeneinander, wobei alle Teilnehmer die gerade Fahrlinie einhalten müssen und grundsätzlich in Kurven die Konkurrenten nur auf dem längeren Radius überholt werden dürfen.

Long Distance

Die Mannschaften müssen eine festgelegte Rundenanzahl zurücklegen. Dabei fahren nur die Hälfte der Mannschaftsteilnehmer. Die restlichen Skater dürfen ausruhen. Es darf fortwährend abgelöst werden. Mannschaftsdienliches Verhalten und gezielter Einsatz des Windschattenfahrens bringen eingespielten Teams enorme Vorteile.

Staffeln

Pendel- und Kreisstaffeln sorgen immer wieder für Spannung. Ein Staffelstab muß über eine festgelegte Strecke mehrfach – entsprechend der Anzahl der Teilnehmer – transportiert werden.
Jeder Mannschaftsteilnehmer erhält einmal den Stab und muß ihn möglichst schnell über die Distanz tragen. Die Gesamtzeit wird gewertet.

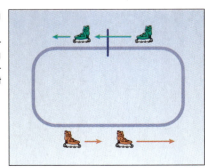

Long Distance: Inline-Skating nach Sechstage-Art

Speed-Skating mit Gruppen

Skate-Style in fünf Meter Höhe

Die Disziplinen

Halfpipe-Skating – faszinierend auch für die Zuschauer

Street-Skating – Grinden auf Treppenstufen und Geländern

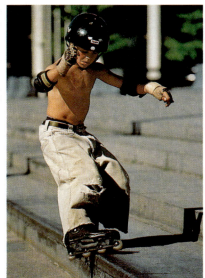

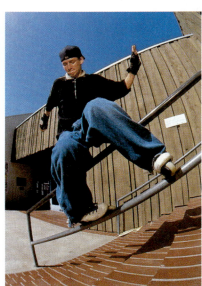

Aggressive-Skating

Aggressive-Skating

Nicht nur ihr Skate-Stil zeichnet sie aus, sondern auch ihre auffallende Kleidung.

Aggressive-Skater tragen möglichst weite und große Hosen, rutschen (= grinden) auf Stufen und Geländern, springen über alles, was im Weg steht, und verbiegen sich in der Halfpipe bei den verrücktesten Figuren. Sie sind Artisten und kreieren immer neue Figuren und Tricks. Obwohl sie nur ca. 15 % aller Skater ausmachen, interessiert sich die Öffentlichkeit gewaltig für die Extrem-Skater. Zahlreiche nationale und internationale Wettkämpfe mit großer Medienresonanz beweisen das immer wieder.

Es fasziniert der Kick, der Thrill der Gefahr, aber auch die Eleganz der Bewegungen und die unendlichen kreativen Möglichkeiten. Stunt-Skating erweitert die Freizeitbeschäftigung zur Lebensphilosophie.

Aggressive-Skating teilt sich in zwei Disziplinen: Street und Halfpipe.

Street

Street-Skating bedeutet Skaten auf der Straße mit Drehsprüngen um alle Körperachsen. Treppenstufen oder Geländer werden zum »Grinden« benützt. Grinden bezeichnet das Rutschen in allen nur erdenklichen Skate-Stellungen. Mindestens ein Skate schlittert quer zur Fahrtrichtung auf den Rollen oder speziellen, angeschraubten Plastikklötzen. Je länger der Street-Skater eine Stellung hält, desto besser. In Skate-Parks findet man speziell zum Grinden gebaute Geländer, sogenannte Grindrails, Stufen und Schanzen.

Halfpipe

Die Königsdisziplin stellt das Skating in der halben Röhre, der Halfpipe, dar. Sie ragt 1,5–4 m nach oben. Das gefühlvolle Fliegen fesselt den Halfpipe-Artisten, wenn der Skate den Kontakt zur Steilwand verliert und die Schwerelosigkeit am höchsten Punkt dem Skater Zeit gibt, die verrücktesten Figuren in den Himmel zu zaubern. Anschließend die Geschwindigkeit, mit der er durch den flachen unteren Teil der Halfpipe rast, um über die gegenüberliegende Vertikale hinauszuschießen, bis die Gesetze der Physik den Schwung abbremsen und den Skater wieder in die Röhre zurückholen. Aggressive-Skater werden in diesen Bann gezogen.

Gute Skater fliegen über die Köpfe derer hinweg, die oben auf der Halfpipe stehen. Sie überragen für einen kurzen Moment alle anderen. Die Schwerkraft zieht sie jedoch wieder in die Transition, die Rundung der Halfpipe, zurück.

Halfpipe-Skating ist gekennzeichnet durch Kraft und Dynamik beim Pushen, dem Schwungholen, und durch Statik und Eleganz am höchsten Punkt des Fluges. Es fordert perfekte Körperbeherrschung, bietet jedoch endlose Möglichkeiten der Kreativität.

Die Disziplinen

Internationale Wettkampfregeln:
- Der Skater bekommt für seine Darstellungen in der Halfpipe 1 Min. Zeit.
- Die besten 50 Sek. werden von einer Jury bewertet.

Mannschaftsspiele

Ruppig gehen Inline-Skater ran, wenn sie bei Mannschaftsspielen um Raumvorteile kämpfen. Deshalb sollten Sicherheitsaspekte höchste Priorität haben. Gegenseitige Hilfeleistung, Kooperation und Rücksichtnahme bringen Fairneß ins Spiel.
Fairneßregeln:
- Niemals gegen den allgemeinen Bewegungsfluß fahren.
- Von gestürzten Inline-Skatern grundsätzlich Abstand halten und diese aufstehen lassen.
- Bodychecks verbieten.
- Rückwärtsfahrenden Vorfahrt einräumen.

Hockey

Das Spiel mit Schläger, Ball und Inline-Skates wird immer beliebter. Auf zahlreichen Parkplätzen kämpfen alt und jung um Tore. Wer sich entschließt, Street-Hockey zu spielen,

Schon die Kleinsten haben Spaß mit Schläger und Ball.

Inline-Hockey hat Wettkampfcharakter.

Mannschaftsspiele

Street-Hockey mit Stil...

115

Die Disziplinen

muß lediglich ein paar Leute auftreiben und eine geeignete Fläche finden. Street-Hockey bringt Fun, da es sehr unkompliziert ist: Man einigt sich vor Beginn des Spiels einfach auf die Regeln. Erste Priorität hat auch hier die Sicherheit.
Folgende Grundregeln sollten beachtet werden:

- Kein Körpereinsatz. Also: Bodychecking, Halten oder Sperren des Gegners wird nicht eingesetzt.
- Den Stock des Gegners schlagen, heben und halten ist nicht erlaubt.
- Schlagschüsse sind verboten.
- Heben der Schlägerschaufel über Kniehöhe ist verboten.
- Den Schläger werfen ist nicht erlaubt.

Als Tore dienen Mülleimer, Schuhe oder sonstiges. Einen Torwart gibt es nicht. Um das Tor wird mit Kreide ein Halbkreis mit 1–1,5 m Durchmesser gezogen. Diesen Raum darf kein Spieler betreten.
Die Stocktechniken und die Dynamik verschaffen dem neuen Parkplatzspiel seinen großen Zuspruch. Skating im Team und das Spiel mit Ball oder Puck machen einfach Spaß. Neben der Stocktechnik und der Skate-Technik spielt die physische Komponente beim Inline-Hockey eine wichtige Rolle. Wer schon mal gespielt hat, weiß: Street-Hockey strengt an und drückt Schweißperlen ins Gesicht.
Viele Eishockeystadien bieten im Sommer Flächen, die Inline-Hockey-Vereine nützen können. In verschiedenen Ligen wird hier um Punkte,

Aufstieg und Titel gekämpft. Beim Inline-Hockey gelten im Gegensatz zum Street-Hockey offizielle Regeln. Sie gleichen denen des Eishockeyspiels sehr. Allerdings spielen nur vier Spieler und ein Torwart pro Mannschaft. Da wie beim Eishockey mit Körperkontakt gespielt wird, ist komplette Schutzausrüstung Pflicht. Das schnelle Spiel bietet im Sommer für viele Eishockeyspieler die Möglichkeit, zu trainieren und die Sommerpause zu überbrücken.
Inline-Hockey stellt im Grunde das einzige offizielle Mannschaftsspiel dar. Alle anderen Teamsportarten auf den Skates entspringen dem Einfallsreichtum kreativer Wettkämpfer.
Wer sich für Inline-Skates selbst Spiele ausdenkt, sollte jedoch berücksichtigen, daß

- Seitstellschritte nur beschränkt möglich sind,
- Springen, insbesondere für Anfänger, schwer möglich ist,
- Inline-Skates hohe Geschwindigkeiten zulassen,
- weniger Feldspieler mit entsprechendem Wechselmodus für mehr Übersicht sorgen,
- die Spielintensität eines Spiels oft hoch ist,
- die Regeln möglichst einfach gehalten werden (z. B. keine Aus- oder Abseitsregeln).

Fußball

Mit einem leichten Ball (Schlagball, Tennisball, Fußball) wird nach offiziellen Fußballregeln gespielt.

Tanz und Formationen

Frisbee

Frisbee auf Inline-Skates fordert viel Übersicht. Zwei Mannschaften spielen in einem möglichst großen Feld. Jeweils zwei Begrenzungshütchen und ein Kreidestrich markieren die Torlinie. Eine begrenzte Zone vor der Torlinie, ca. 3 m breit, fungiert als neutraler Raum. Die Angreifer erzielen einen Punkt, wenn die Frisbeescheibe hinter der gegnerischen Torlinie von einem Mitspieler gefangen werden kann. Dabei muß der letzte Paß vor dem neutralen Raum abgeworfen werden. Während ein Spieler die Scheibe in der Hand hat, muß er stets mit beiden Beinen am Boden stehen. Beschleunigende Schritte sind nicht mehr erlaubt. Kann bei einem Paß die Scheibe nicht gefangen werden, erhält sie der Gegner.

Basketball

Gespielt wird mit einem gut springenden Basketball oder einem Streetball. Die basketballüblichen Schritt-, Zeit- und Foulregeln gelten. In Sporthallen wird ohne »Aus« gespielt.

Tanz und Formationen

Inline-Skates sind prädestiniert für Bewegungen zu Musik. Drehungen, Sprünge, Pirouetten, Rollen, Paartanz und Formationen – alles ist zugelassen. Die Musik sollte allerdings passen. Lässige, moderne Klänge mit klarem Rhythmus eignen sich am besten.

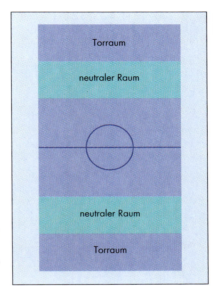

Spielfeld für Inline-Frisbee

Macht Spaß und hält fit: Skaten zu rhythmischer Musik

Die Disziplinen

Der Beat darf gegenüber dem üblichen Disko- und Aerobic-Sound etwas langsamer sein, weil Inline-Skates sehr schnelle Schrittfolgen verhindern.

Blade-Nights

In einigen europäischen Großstädten ziehen Blade-Nights Tausende von Skatern in ihren Bann. Meist einmal pro Woche rollen bis zu 60 000 Begeisterte durch Städte wie Dresden, München, Berlin oder Paris. Es ist ein beeindruckendes Erlebnis, bei Einbruch der Dunkelheit auf für den Verkehr gesperrten Straßen, ungeachtet roter Ampeln, quer durch die City zu skaten. Blade-Nights bieten eine gute Gelegenheit, für ein harmonisches Miteinander zu werben und die Skater als eine friedliche Gemeinschaft zu präsentieren, die den Wunsch hat, ihren Sport und das damit verbundene Lebensgefühl zu genießen.

Links: Auch im Inline-Paartanz finden bereits Wettbewerbe statt.

Rechts: Die konkurrenzlose Skate-Disziplin heißt »Blade-Night« – bis zu 60 000 Inline-Skater versammeln sich zur Großstadt-Rundfahrt.

Innovationen

Innovationen

Inline-Skating ist nicht nur ein Sport, sondern inzwischen der Spielplatz unzähliger Erfinder. Hier werden Kreativitäts- und Geistesleistungen investiert, deren Ziel in aller Regel das Aufspringen auf den sich weiter etablierenden Markt ist. Doch der Druck der Konkurrenz ist enorm. Daher verlassen nur wenige Erfindungen die Kinderwiege, um in aller Öffentlichkeit präsentiert und verkauft zu werden.

Wohl einer der größten Totgeburten ist z. B. die Erfindung eines Motors für Inline-Skates. Es lassen sich damit geringe Geschwindigkeiten ohne Krafteinsatz bewältigen (etwa im Tempo eines Krankenfahrstuhls). Es ist vergleichbar mit Rolltreppe fahren auf öffentlichen Gehwegen – nur einen Aspekt hat der Erfinder vergessen: Wer skatet, möchte sich bewegen und seine Muskeln trainieren. Zudem muß der Komfort mit einer 25 kg schweren Batterie auf dem Rücken »ertragen« werden, wodurch Motor-Skating allerdings doch wieder einen Trainingseffekt erhält.

Wahre Erfindungen auf diesem Markt sind daher entweder Detailverbesserungen oder schlicht das Ergebnis einer Suche nach neuen Nischen, in denen Inline-Skating möglich ist.

Off-Road-Skate

Größere Rollen mit entsprechender Profilierung machen Inline-Skates geländetauglich. Ob diese Entwicklung ein Pendant zum Mountainbike wird, bleibt abzuwarten.

Gehhilfen

Die Fusion »Skate and Walk« wird von verschiedenen Herstellern angeboten. Zum Teil unterscheiden sie sich deutlich in Preis und Leistung. Die abnehmbare Schiene ermöglicht einen schnellen Umbau für die Benützung in Kaufhäusern oder öffentli-

Links:
Off-Road-Skate
mit extrem
großen Rollen

Rechts:
Skate mit
abnehmbarer
Schiene

Innovationen

chen Gebäuden. Das komplette Verschlußsystem fällt jedoch ins Gewicht, und die weniger flexible Sohle macht den Stiefel relativ steif.

Wer das Lösen der Schiene für zu aufwendig hält, aber dennoch auch in unskatebarem Gelände unterwegs ist, kann seine Ausrüstung mit einem einfachen und sehr hilfreichen Artikel vervollkommnen: Ein Steckaufsatz für die Rollen (siehe Bild rechts) ist hilfreich beim Überqueren von Trambahnschienen, gestattet Zugang in Kaufhäuser und ermöglicht eine Kombination der Inline-Skates mit öffentlichen Verkehrsmitteln, denn im Nahverkehrsbereich verleihen Inline-Skates unübertroffene Mobilität.

Diese Gehhilfen werden von unten gegen die Schiene geschoben. Sie blockiert die Rollen und ermöglichen das Gehen mit dem Skate. Für lange Distanzen ist ein gewöhnlicher Schuh dennoch bequemer.

Mit Inline-Skates ist Slalomvergnügen auch im Sommer möglich.

Sommerslalom

Wem im Winter wieder einmal zu wenig Schnee zum Skifahren lag, der verlegt das Brettervergnügen kurzerhand in den Sommer. Kippstangen werden durch ein Plattensystem verrutschsicher auf die Straße montiert. Ausgerüstet mit Inline-Skates, Skistöcken und entsprechender Schutzausrüstung kann so der Wedelspaß beginnen. Für Skirennläufer ist das bereits eine eigene Methode der Saisonvorbereitungen.

Alufelgen

Immer wieder wird versucht, die rotierenden Teile zu verbessern. Hier läßt sich einiges gewinnen. Je härter das Material ausgelegt ist, desto geringer sind die bremsenden Rollwiderstände. Damit kann der Einsatz herkömmlicher Kunststoffmaterialien im Bereich der Rollen nicht das Ende der Entwicklung sein. Aluminium ist als Träger der Rollen wohl die einzig konsequente Wahl des Werkstoffs.

Innovationen

Entspanntes Treppabsteigen mit einer aufsteckbaren Gehschiene

Innovationen

Zweireihiges Spezialkugellager für extreme Belastungen

Kugellager mit zwei Kugelringen

Gebaut für harte Schläge und ein langes Leben: In diesem Kugellager verbergen sich zwei Kugellagerringe mit der doppelten Anzahl von Kugeln. Damit wird das Paar Inline-Skates von 224 Kugeln auf 32 Laufflächen getragen. Eine gute Lösung für den Aggressive-Bereich, doch ist nicht jede Rolle mit dem Lager kompatibel, weil die Felge nicht die richtigen Abmessungen hat.

Segel für Inline-Skates

Skate-Wing nennt sich das patentierte Segel für Inline-Skater. Der Flügel stemmt sich mit vier Quadratmetern gegen den Wind. Sein Rigg läßt sich falten, so daß es innerhalb von Sekunden aufgestellt oder verstaut werden kann. Ein einfacher Fußhaken des Segels steht auf dem Skate und preßt diesen bei höherem Tempo fest auf den Boden. Damit weist das System trotz der relativ losen Verbindung gute Stabilität auf. Es kann, je nach Fahrt- und Windrichtung, auf den linken oder rechten Skate gestellt werden und erlaubt somit nahezu jeden Kurs.

Der Skate-Katamaran erreicht Geschwindigkeiten bis über 60 km/h und läßt sich erstaunlich genau lenken. Ausgefeilte Bremstechnik sollte dennoch zum Standardrepertoire des Trockensurfers gehören. Die Tragfläche selbst unterstützt ihn hierbei, denn sie bremst, sobald sie gegen die Fahrtrichtung aufklappt wird. Bei Windstärken unter 1 und über 5 Beaufort empfiehlt es sich, auf herkömmliche Beschleunigungstechniken zurückzugreifen.

Klappsystem

Zukunftsmusik in Sachen Speed-Skating blasen die Holländer. Der Fünfroller ist mit einem Klappmechanismus ausgestattet, der beim Ausscheren der Beine für längere Impulsübertragung sorgt. Gunda Niemann wurde auf dem Pendant für das Eis fünffache Weltmeisterin. Damit hat das System eine Menge Vorschußlorbeeren.

Beleuchtung

Inline-Skater gelten rechtlich (noch) als Fußgänger mit Spielgerät. Das liegt nicht zuletzt an der Tatsache, daß ihr Beleuchtungssystem sehr zweifelhaft ist. Viele Erfinder küm-

Innovationen

Skate-Wing

mern sich derzeit um dieses Problem. Ein Schweizer Hersteller z. B. integriert einen Dynamo und LED-Lichter in eine transparente Rolle. Die Leuchtwirkung ist verblüffend gut, andere Verkehrsteilnehmer werden sehr schnell aufmerksam. Dennoch ist die Leuchtkraft zu gering, um in der Nacht das nächste Schlagloch am Boden zu erkennen.

Wer diese Investition scheut, sollte wenigstens eine Taschenlampe mit sich führen. Bewegtes Licht erhöht zudem die Aufmerksamkeit anderer Verkehrsteilnehmer, so daß es sinnvoll ist, die Taschenlampe an das Bein oder den Schuh zu montieren. Absolute Mindestausrüstung sind gute Reflektoren, die ohnehin in die meisten Protektoren integriert sind.

Hupe

Die Skater-Hupe für die Hand hat ein lautes, deutliches Signal; dennoch ist der Ton keine unangenehme Lärmbelästigung.

Skate-Computer

Die Entwicklung eines Skate-Computers ist ebenfalls schon abgeschlossen. Wie bei einem Fahrradcomputer werden Momentangeschwindigkeit,

Innovationen

Maximalgeschwindigkeit, Zeit und Tageskilometer gemessen. Aus diesen Werten errechnet der Computer zudem die Durchschnittsgeschwindigkeit, die Abweichung zur Durchschnittsgeschwindigkeit, die kumulierte Anzahl gefahrener Kilometer und die gefahrene Gesamtzeit.

Dämpfer

Nach der Entwicklung von Stoßdämpfern für Mountainbikes drängen nun auch vollgefederte Inline-Skates auf den Markt. Nach den Versprechungen der Hersteller können alle Hindernisse auf unebenem Gelände überwunden werden, Wirbelsäule und Gelenke werden geschont, das Laufen gestaltet sich angeblich »ermüdungsfrei«. Der größere Komfort muß mit dem Preis höheren Gewichts bezahlt werden; Speedskates werden also auch in Zukunft nicht gedämpft sein.

Gedämpfter Inline-Skate

Leuchtrollen für Inline-Skates

Innovationen

Der neueste Trend: Vertical-Skating ist das Pendant zum Bungee-Jumping und treibt den Adrenalinspiegel nach oben.

Kleines Fachwörterlexikon

Anhang

Kleines Fachwörterlexikon

ABEC
Annual Bearing Engineer Committee,
Norm für die Fertigungsgenauigkeit
von Kugellagern. Im Inline-Skate-
Bereich werden Lager mit ABEC 1, 3
und 5 verwendet.

Aggressive-Skating
Die Skate-Disziplinen Street, Halfpipe und Jump werden mit Aggressive-Skating bezeichnet.

Bail
kontrollierter Sturz

Contest
Wettbewerb

DIHL
Deutsche Inline-Hockey-Liga, in der
im Sommer viele Eishockeyprofis
spielen und trainieren

D.I.V.
Deutscher Inline-Skate Verband

Downhill
Bergabfahrt

Fakie
rückwärts fahren, abspringen oder
landen

Frame
Rollengestell, meist aus Kunststoff
oder Alu

Grinding
auf Geländern, Treppen oder Kanten
rutschen

Halfpipe
halbe Röhre mit flachem Stück
(Höhe 1,5–4 m) für Sprünge und
Tricks

Heel-Stop
Bremsmanöver mit dem Gummistopper an einem Skate

High Jump
Hochsprung über eine Stange,
meist ohne oder mit einer Rampe
als Absprunghilfe

Hockey-Stop
häufig beim Inline-Hockey verwendete Bremstechnik: Bremsen durch
radikales Kurvenfahren

IISA
International Inline Skate Association

Inline-Skates
Rollschuhe, bei denen die Rollen
hintereinander in einer Linie stehen

Move
eine besondere Bewegung, ein Trick,
ein Sprung oder ein Manöver

Pads
Schützer aus Stoff und einer Kunststoffschale, um Sturzverletzungen
vorzubeugen

126

Adressen

Polyurethan
Kunststoff, aus dem viele Skates hergestellt werden

Powerslide
radikales Bremsmanöver, das aus dem Rückwärtsfahren eingeleitet wird

Protective Gear
Schutzausrüstung mit Handgelenk-, Knie-, Ellenbogenschoner und Helm

Ramp
Schanze als Sprunghilfe

Rockering
Hoch- bzw. Tiefstellen der Rollen für unterschiedliche Fahreigenschaften

Short Track
kurze, ovale Bahn

Sliding
seitliches Rutschen

Spacer
Hülse aus Nylon oder Aluminium zwischen den Lagern

Adressen

Verbände

D.I.V.
Deutscher Inline-Skate Verband e. V.
Bergstr. 20
64342 Seeheim-Jugenheim
Tel. 06257/962239
Fax 06257/962232

Deutscher Rollsport-Bund
Adolf-Goebel-Str. 13c
64521 Groß-Gerau
Tel. 06152/82036

Ausbildung

Eine Adressenliste mit Inline-Skating-Schulen in Ihrer Nähe erhalten Sie vom Deutschen Inline-Skate Verband.

Mehr Spaß am Sport

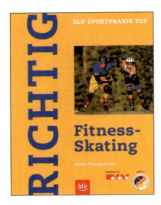

BLV Sportpraxis Top
Sebastian Baumgartner /
Olaf Hoos
Richtig Fitness-Skating
Der Fitness-Trendsport für jedes Alter: Ausrüstung, Bewegungskoordination, Kondition, Skate-Techniken, Cross-Training, Regeneration, Strecken.

BLV Sportpraxis Top
Urs Gerig /
Thomas Frischknecht
Richtig Mountainbiken
Alles über das Biken als idealer Fitness- und Gesundheitssport: Grundlagen, Ausrüstung, Fahrradtypen, Fahrtechnik, Training, Trainingspraxis, gesundheitliche Aspekte.

blv coach
Sebastian Baumgartner
**Inline-Skaten:
Bremstechnik · Sicherheit**
Mehr Fun und Action für Jung und Alt durch sicheres, kontrolliertes Skaten und Bremsen: Fehlerursachen erkennen und beheben, Trainingstipps.

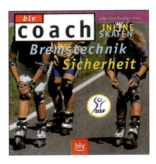

BLV Sportpraxis Top
Erich Frischenschlager
**Richtig Snowboarding
in drei Tagen**
Für Einsteiger: Umgang mit dem Board, Aufwärm- und Sturzübungen, Erlernen der grundlegenden Schwungformen in kürzester Zeit – und für Fortgeschrittene: Carven, Tiefschnee-Boarden, Freestyle-Formen, Wettkampf.

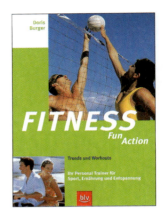

Doris Burger
Fitness, Fun, Action
Gemeinsam mehr erleben – Fitness mit Fun-Faktor für aktive Menschen, die aufgeschlossen sind für neue Trends: Skaten, Beachvolleyball, Body-Shaping, Snowboarden, Tipps für das Fitness-Studio, Tricks zum Abschalten und vieles mehr.

BLV Sportwissen
Ludwig V. Geiger
Überlastungsschäden im Sport
Sportbedingte Überlastungsschäden: Entstehungsmechanismen, Behandlungskonzepte und vorbeugende Maßnahmen zur Vermeidung.

Im BLV Verlag finden Sie Bücher zu den Themen: Garten und Zimmerpflanzen • Natur • Heimtiere • Jagd und Angeln • Pferde und Reiten • Sport und Fitness • Wandern und Alpinismus • Essen und Trinken

---

Ausführliche Informationen erhalten Sie bei:

**BLV Verlagsgesellschaft mbH • Postfach 40 03 20 • 80703 München
Tel. 089 / 12 70 5-0 • Fax 089 / 12 70 5-543 • http://www.blv.de**